巴渝水闹

蒋　涛　秦素粉　杨发军　等编著

黄河水利出版社
·郑州·

内容提要

本书系重庆市社科规划项目《巴渝水文化遗产整理研究》(项目号:2015YBGL116)的研究成果。主要内容包括:古代巴渝地区所涵盖的水系及流域文化的发生、发展;巴人、巴族、巴国,在长江中上游及其乌江、嘉陵江支流的产生渊源与演变;巴渝儿女通过水系水域建立起天然的民族走廊,多民族和谐共生又各具独特文化品格;巴渝文化与这片水域唇齿相依,包括民族信仰、语言文字、戏剧艺术、建筑风格、金属工具及生活习惯等。

本书可供在校学生、相关研究人员及社会公民阅读参考。

图书在版编目(CIP)数据

巴渝水阔/蒋涛等编著. —郑州:黄河水利出版社,2021.7

ISBN 978-7-5509-3031-5

Ⅰ.①巴… Ⅱ.①蒋… Ⅲ.①水-文化-重庆 Ⅳ.①K928.4

中国版本图书馆CIP数据核字(2021)第134401号

组稿编辑:王路平　电话:0371-66022212　E-mail:hhslwlp@126.com

出 版 社:黄河水利出版社　网址:www.yrcp.com

地址:河南省郑州市顺河路黄委会综合楼14层　邮政编码:450003

发行单位:黄河水利出版社

发行部电话:0371-66026940、66020550、66028024、66022620(传真)

E-mail:hhslcbs@126.com

承印单位:河南新华印刷集团有限公司

开本:890 mm×1 240 mm　1/32

印张:5.875

字数:170千字

版次:2021年7月第1版　印次:2021年7月第1次印刷

定价:45.00元

前 言

长江是中华民族的母亲河,也是中华民族发展的重要支撑。长江流域在数千年光辉灿烂的中华文明发展历史中,形成了巴蜀文化、荆楚文化、吴越文化、藏族文化等多姿多彩、各具特色的流域文化。习近平指出,通观中华文明发展史,从巴山蜀水到江南水乡,长江流域人杰地灵,陶冶历代思想精英,涌现无数风流人物……千百年来,长江流域以水为纽带,连接上下游、左右岸、干支流,形成经济社会大系统,今天仍然是连接丝绸之路经济带和21世纪海上丝绸之路的重要纽带。

独具长江、乌江和嘉陵江丰饶水域水系的巴渝大地,最早于两万多年前的旧石器时代出现人类活动,至新石器时代沿各水系已遍布较稠密的原始部落,如史籍记载有“濮、寅、苴、共、奴、夷、蛮”。至夏、商、周时期,出现了强大的奴隶制部族联盟,其以巴族为主,集合长江、乌江和嘉陵江流域的土著部族,被统称“巴”。近现代考古挖掘与文献记载,巴渝所处三峡地域分别出土发现了多处文化发源地,凸显人类早期聚居特点。铜梁、江津、合川、巴县(今巴南区)、丰都、奉节、云阳、忠县、巫山等重庆所属辖区,陆续发现巴人聚居点及其古文化遗址,以及巴民族与其他民族融合并迁徙的遗迹。鼎盛时期的巴国疆域,以长江、嘉陵江、乌江为腹心,涵盖今天的重庆、黔北、湘西北、鄂西、陕南,后历朝皆有记载于重庆设巴郡、江州、恭州、重庆、川东道等,所治辖区差异较大。

本书由蒋涛、秦素粉、杨发军、刘立、王乃芳、李将将、冯琳、胡红梅、罗倩、张更元等编著,编写过程中得到了相关单位的大力支持和帮助,许多老师、学生参与了本书的调研和实践活动。另外,本书在编写过程中还引用了大量的参考文献。在此,谨向为本书的完成提供支持和帮助的单位、所有研究人员和参考文献的原作者表示衷心感谢！

由于作者水平有限，书中难免存在不妥之处，敬请读者朋友批评指正。

作　者

2021 年 3 月

目　录

第三篇 流域水崇拜主导民风民俗

第一篇

巴渝水系承载历史记忆

巴渝地区之所以被作为地理上的区域概念，主要源于巴族与巴国的发生、发展历史。最早的巴族与巴文化影响更多集中在今天重庆所属的广大地区，其不断形成具有本土文化品格的文化特征并传承千年。在更早历史时期，所谓“巴渝”之地范围更加广泛，它的影响以重庆为轴心，广泛辐射于川东、鄂西、湘西等地区，位于长江上游与中游的连接带。

巴渝地区自夏商以来，历史上因商贸、交通等原因形成了大量的城镇，并主要集中于区内的长江三峡流域，包括长江水系及其支流——乌江水系、嘉陵江水系。从最早的居民、物流集散地，到具有规模效应的市邑、城镇，巴渝地区因拥有丰富的水域水系资源，形成了整个西南地区山地城镇体系的重要组成部分，并一度成为西南地区政治、经济和贸易中心。

第一章　长江水系

距今 5 000 ~ 4 000 年的新石器时代晚期，文字、金属工具、城市、礼仪性建筑等因素的出现和初步发展，揭开了中华五千年文明史的序幕。中国新石器文化的区系、中华文明的曙光遍布长江、黄河流域。两大母亲河几乎在同一时期孕育了人类悠久的古文明——中华文明，创造了南北各异的两种农耕文化的多区域发源。其中，中华文明最早的王朝在黄河中游诞生，而礼乐文化萌芽自长江流域发生并向黄河流域汇聚，在夏、商、周文明中已出现端倪。至唐中叶以前，华夏经济中心长居黄河流域，之后逐渐南移，而政治中心始终处于黄河流域。

关于中华文明的起源，历来有种种猜想与说法。近现代大量研究与考古发掘不断证明：中华文明起源具有独特的多元性和多区域性特点。中华文明多元化的起源及早期发展模式造就了黄河流域与长江流域各自的文化特色。其中，长江流域自新石器时代始已显示出更为丰富多彩的画面。如河姆渡文化—马家浜文化—良渚文化序列，大溪文化—屈家岭文化—青龙泉第三期文化序列等。进入文明时代以后，纵横干、支流的各部落民族分别登上了长江流域的历史舞台。中国新石器文化分区如图 1-1-1 所示。

长江自西向东横贯中国中部，数百条支流辐辏南北，流域面积约占中国陆地总面积的 1/5，约达 180 万平方千米。这里水量最为丰沛，河流径流量占全国的 36% 左右，水资源总量约为 96.16 亿立方米。

第一节　水量丰沛的河流

青藏高原的唐古拉山脉是长江的发源地，其干、支流流经 17 个省（区、市），包括青海、西藏、四川、云南、甘肃、陕西、重庆、贵州、河南、湖北、湖南、广西、江西、安徽、江苏、浙江、上海等地区的 724 个县级区域

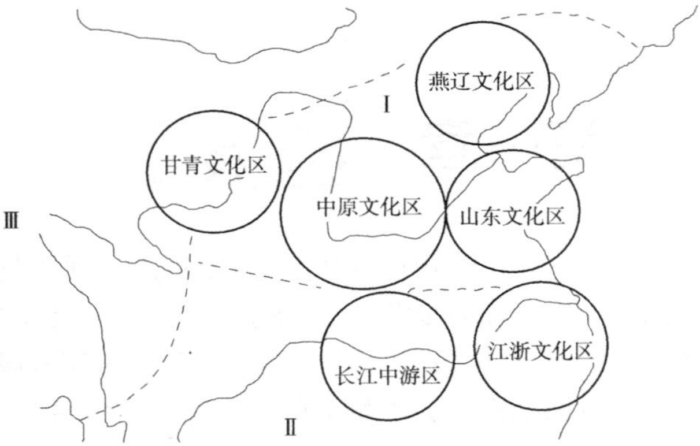

Ⅰ—旱地农业经济文化区；Ⅱ—稻作农业经济文化区；Ⅲ—狩猎采集经济文化区

图 1-1-1　中国新石器文化分区（采自严文明：《史前考古论集》，1998 年）

单元，流域面积达 180 万平方千米，年度径流总量达 10 000 亿立方米。

长江流域经济发展历史悠久，人口总量占全国的 1/3、粮食产量占全国的 2/5、棉花产量占全国的 1/3、淡水产品的产量占全国的 1/2、GDP 占全国的 2/5。自古以来，长江流域都是国家最重要的原材料基地、最大的商品粮基地和生态涵养地。在我国新时代发展总战略中，长江流域处于显要地位，起着承东启西、连接南北的重要作用。

一、干、支流

长江是世界第三长河、中国第一大河。长江流域之北与黄河、淮河流域为界，包括巴颜喀拉山、西倾山、岷山、秦岭、伏牛山、桐柏山、大别山、淮阳丘陵等；长江流域以南与澜沧江、元江（红河）和珠江流域为界，包括横断山脉的云岭、大理鸡足山、滇中东两向山岭、乌蒙山、苗岭、南岭等；长江流域东南与闽浙水系为界，包括武夷山、石耳山、黄山、天目山等。长江干、支流流域如图 1-1-2 所示。

（一）干流

自“世界屋脊”青藏高原的唐古拉山脉各拉丹冬峰西南侧始，长江干流途经 11 个省（区、市），包括青海、西藏、四川、云南、重庆、湖北、湖南、江西、安徽、江苏、上海，至崇明岛以东汇入东海，共计 6 300 千米，

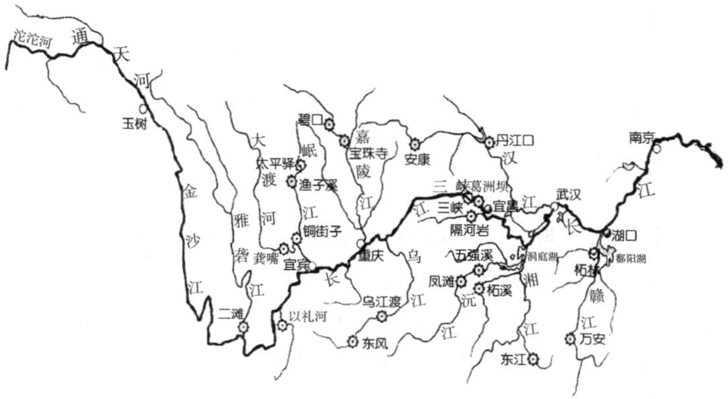

图 1-1-2　长江干、支流流域图

与黄河相比约长 800 余千米，约占全国土地总面积的 1/5，在世界大河中长度仅次于非洲的尼罗河和南美洲的亚马逊河，和黄河一起并称为“母亲河”。

（二）支流

长江流域具有丰富的支流水系，其中，流域面积达 1 万平方千米以上的支流有 49 条，主要包括雅砻江、岷江、沱江、嘉陵江、乌江、沅江、汉江、湘江、资水、赣江等；流域面积 5 万平方千米的支流为雅砻江、岷江、嘉陵江、乌江、沅江、汉江、湘江和赣江；总长 1 000 千米以上的支流有雅砻江、嘉陵江、乌江、沅江和汉江；年平均径流量超过 500 亿立方米的有雅砻江、岷江、嘉陵江、乌江、沅江、汉江、湘江和赣江。

二、上、中、下游

长江水系自青藏高原出发，流经青海、西藏、四川、云南、重庆、湖北、湖南、江西、安徽、江苏、上海，最后汇入东海。

（一）上游

长江上游水系因其流经通天河、金沙江和三峡地区等高原、高山、峡谷地带，具有典型的高原山地峡谷河流特征，全长 4 500 千米左右。上游水资源丰富，水量径流丰沛，但水流湍急，河床比降较大，仅金沙江干流落差已达 3 000 米左右。城市相对分散，人口稀少。

（二）中游

长江中游河道迂回曲折，长约 1 000 千米，河面宽展，河床比降锐减，流经江汉平原，水流缓慢，平均流速仅为 1 米每秒左右。城市整体分布形态呈条带状，且人口密集。

（三）下游

长江下游长 800 多千米，江阔水深，支流短小，河网稠密，纵横交织。城市形态呈团块状或组团状，城市分布密集，人口密布。

长江流域不但是人类文明的重要发源，也是我国资源最富集、经济发展最集中的产业走廊。它丰富的自然资源、多样化的社会经济文化及所处水系的区位优势，在我国有史以来的社会经济发展进程中都占据重要地位。同时，长江流域作为自古以来的"黄金水道"，以及现当代"长江经济带""长江三角洲城市群""一带一路""长江中游城市群""成渝城市经济圈"等国家战略的重要支撑和核心区域，也是我国经济、文化发展潜力最大的地区之一。此外，长江流域在对外交流方面，不仅始终保持中西交流的陆路重要通道位置，也是中外海路交通的重要出发点。长江流域地带是区域连接的中枢地带，并始终保有国家对外交流的重要区位优势。

第二节　发现"巫山猿人"

长江文明始于公元前 5 000 年，距今可考的已有 7 000 多年历史，它与黄河文明并称中华文明的两大源泉。长江作为中国第一、世界第三大江河，发源自世界屋脊，穿越亿万年沉淀，流经五分之一的神州大地，奔向东海之滨。她哺育流域内的华夏子孙，润泽两岸沃野良田，连通纵横如织的经济命脉。

对新石器时代的考古证实，长江文明有别于黄河文明，例如长江上游的三星堆遗址、宝墩遗址、金沙遗址，中游的石家河遗址，下游的良渚文化遗址等，形成了自己独特的文化谱系。长江文明区域广大，相关文化遗址数量众多，可堪称世界之最。长江流域孕育的"稻作文明"曾经深刻影响了东亚文明乃至世界文明。长江流域与黄河流域珠联璧合，创造了南北各异的农业体系多区域发源,构筑了中华文化和而不同、历久弥新,且唯一保持不间断连续性的文明奇迹。

一、考古发掘

自20世纪初仰韶文化发掘于黄河岸边以来,相当长的时期内,相关发掘多出现在黄河流域,使这一地区被公认为华夏文明发祥地,且多数观点认为长江流域文明是黄河文明的辐射带动,直至1959年初春,考古学家在嘉兴南湖乡发现马家浜遗址,以及1973—1978年,河姆渡遗址在浙江余姚市被发掘出土,使这一论断发生了历史的颠覆。其中,长江流域最早挖掘发现的马家浜文化,以浙江嘉兴马家浜文化遗址(见图1-1-3)而命名,被誉为"江南文化之源",是目前所知环太湖地区发现最早的新石器时代文化,距今7 000～5 800年。之后,又有崧泽文化、良渚文化的发掘,并于河姆渡文化遗址(见图1-1-4)发现大量水稻种植方面的考古材料,推断出公元前5000—公元前3300年左右的文明文化发生状态。

图1-1-3　马家浜文化遗址

图1-1-4　河姆渡文化遗址

20世纪80年代中期,在重庆巫山地区,长江三峡科考团队发现了迄今为止中国最早的人类之一——巫山猿人的化石(见图1-1-5),人工加工的原始石器、骨片,以及与古人类共生动物的化石。

在重庆巫山龙骨坡遗址的发掘显示,长江三峡地区至少在200万年以前已经有人类活动,且存留大量旧石器时代的印迹。巫山猿人在长江三峡一带繁衍活动,不但成为华夏文明的重要源头,而且地处长江巴渝地域的巴人先民也成为近现代考古研究的重要方面。回溯历史,

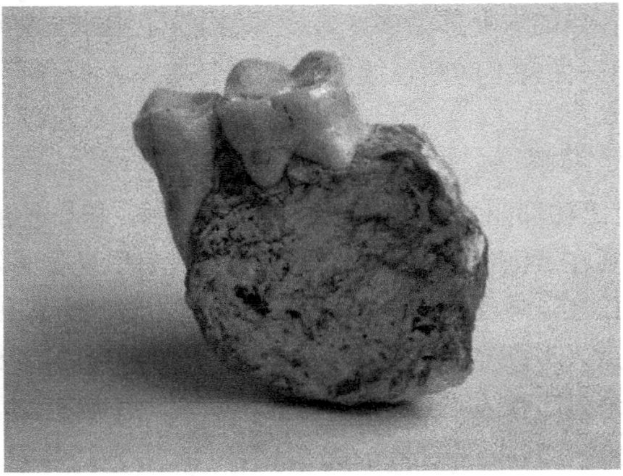

图 1-1-5　旧石器时代初期古人类遗址发掘的
巫山龙骨坡“巫山猿人”左下颌骨化石
（资料来源：重庆中国三峡博物馆）

巴人的文化足迹在洪湖、洞庭、重庆、四川盆地、汉中等广阔区域都镌刻了不可磨灭的文化记忆。自旧石器时代、新石器时代、夏商时代的漫长历史画卷中，巴人及其族群沿长江流域创造了古老的文明火种，直至距今5 000～4 000 年的新石器时代晚期，巴族与巴文化经历史沉淀浮现于世。其中，巴人的水居渔猎、农耕副业、手工工业、青铜兵器、礼仪性建筑，以及水图腾崇拜信仰、巴渝武舞、船棺墓葬、语言文字，无不昭示巴渝文化在长江文化体系中的源头地位。

二、史前文明曙光

20 世纪初，美国自然史博物馆中亚探险队的纳尔逊（N. C. Nelson）在巴渝地区的重庆市万县和湖北宜都之间的长江沿岸，陆续发现包括大溪遗址在内的一系列新石器时代遗址。自 1958 年始，四川省博物馆等多家单位对大溪等文化遗址开展了广泛的研究。1959 年，考古学家对巴渝地区巫山大溪遗址进行发掘，揭开了长江中游史前考古研究的新篇章。

大溪文化作为中国长江中游地区新石器时代文化的典型标志，因巴渝地区重庆市巫山县大溪遗址而得名。已知大溪文化的分布地区西起瞿塘峡两岸，东至洪湖之滨，东西长约350千米，南北宽约140千米，横跨重庆、川东、湖北、湖南等省（市），是以三峡至江陵为中心的区域，主要包括三峡地区、清江流域和田漳河流域，其南、北分别与澄江流域和汉江流域为邻。重庆市巫山县大溪文化大水田遗址位置如图1-1-6所示。

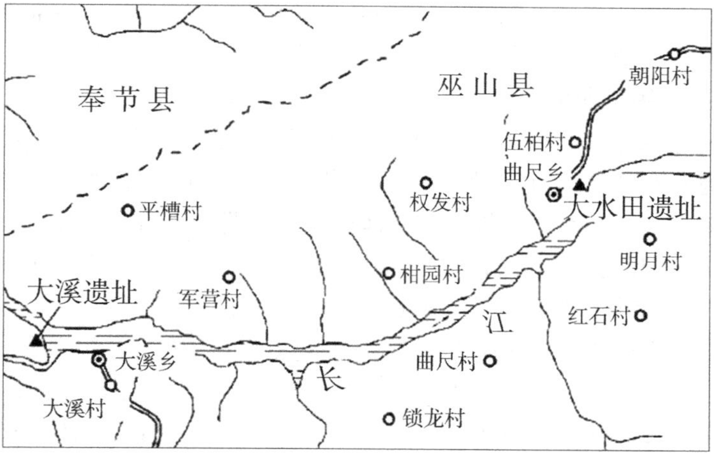

图1-1-6　重庆市巫山县大溪文化大水田遗址位置示意图

（资料来源：重庆市文化遗产研究院《重庆市巫山县大水田遗址大溪文化遗存发掘简报》）

大溪文化居民以稻作农业为主。彼时，除饲养猪、狗外，鸡、牛、羊可能也已成为家禽家畜。同时，在巫山大溪文化中渔猎经济占据主导地位。在大溪文化遗址中，各种陶器纹饰及鱼类随葬现象表明当时的人类已经有了原始的宗教意识和对水的原始崇拜。

（一）稻作农业

相关考古发现，文化遗址的建筑遗迹火烧土块中，清晰可见稻壳、稻草等稻作遗迹。同时发现，除猪、狗等牲畜饲养外，在丁家岗、三元宫、大溪等遗址，鸡、羊、牛等已成为家禽家畜，渔猎、采集等经济要素也占据重要地位。特别是三峡地区，土壤贫瘠的谷地，渔猎与采集经济比重更大，如包含大量鱼骨和兽骨的清水滩等遗址发掘。相关考古表明，在巫山大溪文化中渔猎经济占据主导地位，且有专门的鱼墓葬及鱼殉葬的巫术。

与黄河流域旱作农业截然不同，在大溪文化遗址中，并未发现规模较大的农作收割工具，如石刀、陶刀、石镰等，并不像黄河流域用刀割粟、黍穗头，或者连秆割取，大溪氏族部落收割稻谷是带茬薅拔，成捆晾晒。这与河姆渡氏族部落、马家浜氏族部落等长江下游相关部落文化一脉相通。直至近现代，仍有个别少数民族沿袭这种古老的收割方式。

（二）手工业副业

在水系丰沛、气候温润的自然条件下，除稻作农业和渔猎外，长江中游地区的手工业生产在新石器时代已相当发达。如骨器有锥、针、镞、凿、匕、哨和耜等，装饰品和其他用品有蚌器及玉、石、象牙制作的坠饰和笄、玉璧等。此外，日常生活中使用的陶器，以夹砂陶和泥质陶为主。夹砂陶中有的夹有蚌壳屑或炭末；泥质红陶的外表多有深红色陶衣，部分泥质红陶是外表呈红色，内表呈黑色。另外，还有泥质灰陶和黑陶，其外表除素面外，纹饰有戳印纹、压印纹、凹凸弦纹、镂孔、刻划纹、绳纹、彩陶和朱绘的纹饰等，其中以戳印纹较盛行。彩陶以黑彩为主，也有红彩的。纹饰有绳索形纹、草叶纹、横人字形纹、网格纹、圆点、平行线条、弧线三角形纹等，从纹饰上已明显带有水崇拜印痕。相关出土文物如图 1-1-7 ~ 图 1-1-14 所示。

（三）建筑工艺

长江中游的先民在大溪文化时期已经可以在地面建造单间房屋。相关出土建筑通常可见经过烧烤的红烧土建筑材料。建筑大致分为地面建筑和半地穴式建筑两大类，前者多呈方形或长方形，而后者通常会呈圆形。自地面建造的房子，已经开始打造墙基槽，并用烧土碎块和黏土掺和填实，墙壁内用竹片编扎成片或直接用小型树干作夹心，里外抹泥，建筑内部挖掘造坑或砌方形火塘，并以柱洞分布室内。大量火烧土块被铺设为厚实的垫层，作巩固建筑和防潮之用。同时，建筑的屋顶用植物茎秆或竹片铺排，用掺有稻壳、稻草末的黏土涂抹成型。更巧妙的是，一些建筑已采取专门的檐廊、撑檐柱洞或墙外铺垫红烧土渣地面

图 1-1-7　大溪文化出土陶单耳杯（资料来源：重庆市文化遗产研究院《重庆市巫山县大水田遗址大溪文化遗存发掘简报》）

图 1-1-8　大溪文化出土陶面具形器（资料来源：重庆市文化遗产研究院《重庆市巫山县大水田遗址大溪文化遗存发掘简报》）

图 1-1-9　湖北麻城金罗家遗址出土菱格绞索纹橙黄陶簋（资料来源：重庆中国三峡博物馆·艾露露《鱼米为飨　大溪文化的生产与生活》）

图 1-1-10　重庆巫山大溪遗址出土高圈足黑陶盘（资料来源：重庆中国三峡博物馆·艾露露《鱼米为飨　大溪文化的生产与生活》）

等，构成最原始的散水功能结构。此外，避雨、防潮、抗热等建筑技术相继产生并发展。

图 1-1-11　大溪文化玉龟
（资料来源：重庆中国三峡博物馆）

图 1-1-12　大溪文化玉璜
（资料来源：重庆中国三峡博物馆）

图 1-1-13　大溪文化圆雕玉人（资料来源：重庆中国三峡博物馆）

图 1-1-14　玉鸟头形饰
（资料来源：重庆市文化遗产研究院《重庆市巫山县大水田遗址大溪文化遗存发掘简报》）

（四）墓葬文化

到目前为止，大溪文化已发现典型墓葬达 300 余座。其中，大溪墓地人骨保存较好且数量众多。墓地中，绝大多数墓葬采取单人入葬，且头部朝南，也有少数儿童与成年女性合葬。在墓葬中，有两类葬式，半数以上为直肢葬（以仰身直肢为主）；另一类为屈肢葬（仰身屈肢为主），其中最为特殊的是仰身跪屈葬和仰身蹲屈葬。彼时，已有随葬习俗，最多的随葬品可达 30 余件，而女性墓葬较之男性墓葬内容更为丰富,如随葬佩戴象牙镯、石镯等饰物。也有发现随葬的鱼骨和龟甲,分别将鱼置于死者口边或身上,或将两条大鱼分别支撑于双臂之下。这种将鱼随葬的现象,在中国新石器时代尚属少见。另外,也有以狗作为祭祀用品的。与红花套和关庙山瓮棺葬不同,大溪墓地中的儿童与成人在葬制上基本相同。

第三节　巴渝先民逐水而居

水文化是人类历史上最古老的文化。原始人通过逐水而居,获得了简朴的生活方式和初级生产方式,人类生活自水边发生发展,并对水产生亲和、依赖和畏惧。人类文明进程与流域密不可分,因此史学家常常将原始文明直接称为“大河文明”。巴渝地区最早的文明足迹位于长江上游与中游的连接带,以重庆为中心,广泛辐射湘西、鄂西、川东等地区。因其流域特点,形成了独具特色的巴渝水文化。例如,史前文明重大发现——以稻作、渔猎、彩陶等为标志的“大溪文化”(公元前4400—公元前3300年),以水崇拜和水信仰贯穿始终的大禹、廪君、巫山神女等上古神话,以祈雨、治水精神为主导的巴渝舞、铜梁龙等祭祀文化,以航运为特色的巴人盐运、水下石铭、川江号子、绞滩助航等水利文化,以流域水边生活为特点的码头集市、吊脚楼、船棺葬等民俗文化,等等。

一、文化溯源

所谓巴渝中的“巴”,自商代武丁时期的甲骨文中已有考古发现。相关研究证明“巴”泛指“巴地”,《华阳国志·巴志》有载:“其地东至鱼复,西至僰道,北接汉中,南及黔、涪。”可知彼时巴地鼎盛,疆域辽阔,所涉地域涵盖今重庆全境、川东南北、湖南西北、湖北西南、陕西南、贵州北等地。关于巴人的最早记载有《山海经·海内经》所书:“西南有巴国。太皞生咸鸟,咸鸟生乘釐,乘釐生后照,后照是始为巴人。”据考证咸鸟即太阳鸟,太皞是东夷以鸟为图腾的部落。巴民族与太皞、咸鸟部族有着亲密的血缘关系。西南大学蓝勇教授认为太阳鸟(咸鸟)

是与虎、鱼等一样为早期巴人的图腾之一，在某种程度上讲，巴人对太阳鸟的崇拜可能更早一些。2001 年 10 月，重庆市丰都袁家岩发掘出土了“汉代神鸟”（见图 1-1-15），轰动考古界。著名史学家董其祥先生认为巴渝神鸟应当就是凤鸟，也叫玄鸟，玄鸟氏就是咸鸟氏。

图 1-1-15　重庆丰都袁家岩发掘的“汉代神鸟”

（资料来源：重庆中国三峡博物馆）

但“巴渝”二字连用，却始于汉代，有司马相如《上林赋》载曰：“千人唱，万人和……巴渝宋蔡，淮南干遮。”至西晋有郭璞注曰：巴西阆中有渝水，僚（獠）人居其上，皆刚勇好舞，汉高祖募取以平三秦，后使乐府习之，因名巴渝舞也。至此，“巴渝”相关记载延续 2 200 多年未曾中断。

2 000 多年以来，“巴渝”二字已不仅代表区域位置，更积淀了丰厚的本土文化品格、深层意识形态、民族精神等内涵。对于巴的起源，一曰：巴为鱼也。二曰：巴为蛇也。有《山海经 · 海内南经》载曰：“巴蛇食象，三岁而出其骨。”亦有东汉时期的《说文解字》记载：“巴，虫也，或曰食象蛇，象形。”包含巴人原始图腾崇拜印迹。三曰：巴为水也。长江与嘉陵江交汇处，水面形似若“巴”。唐代宰相李吉甫所著《元和郡县志》第三十四卷《渝州》有云：“（渝州）《禹贡》梁州之城，古之巴国也。间白二水东南流，曲折如巴字，故谓之巴。”四曰：巴为坝也。著名史学家徐中舒先生认为：“巴之本为坝。《广韵》巴在麻韵，坝在码韵，巴、坝同音，惟平去稍异。”相关“巴”的诠释，均与水或水的图腾相关。

今重庆所在地域及周边是古代巴人、巴族、巴郡、巴国所在地，古代巴人自巴族及至巴郡绵延近 3 000 年，积淀了厚重的民族文化与精神传承，至今重庆广大地区仍有很多地名沿用“巴”字，不仅有《水经注》所载巴溪、巴水、巴江、巴子梁、巴山、巴岭山等，尚有沿用至今的巴中、巴县、巴东、巴峡、大巴山等地域名称。

著名的《华阳国志·巴志》有载：“阆中有渝水，賨民多居水左右。”“李严更筑大城，周回十六里，欲穿城后山，自汶水（长江）通水入巴江，使成为洲。”嘉陵江古称渝水，又称巴江。隋文帝开皇三年（公元 583 年），巴郡改为渝州，历经唐代、五代至北宋末崇宁元年（公元 1102 年）。云阳大梁岩巴人聚落石刻画如图 1-1-16 所示。

图 1-1-16　云阳大梁岩巴人聚落石刻画

（资料来源：《华阳国志·巴志》）

在漫长的巴人、巴族发展进程中，由于人口不断聚集增加，部落开始向外迁徙，并形成以巫山大区域为中心，辐射川、渝、湘、黔、陕、鄂等省(区、市)大范围分布的族群聚居地,并逐渐独立成相对稳定的5个部落,包括巴蛇部、鳖灵部、白虎部、弓鱼部、鱼凫部等。

《春秋释例》载:"无君长总统,各以邑落为聚,故称百濮。"濮人是我国长江流域的较大民族,由于部族互不相属,因此也被称为百濮。之后,楚人扩张导致濮人西迁,另据《华阳国志·巴志》载曰:"其属有濮、賨、苴、共、奴……蜒之蛮。"可见,濮人在部落角逐中逐渐成为巴统治下的第一大族。而曾经分布在西南和华南地区的僚人,于东晋时期大举入蜀,巴渝地区始有僚人分布。至南宋中期,僚人逐渐融入汉族和当地其他少数民族。相关研究指出,巴渝地区土家、苗、布依等少数民族的先民正是源于巴、濮、僚等族群,虽然巴、濮、僚核心文化最终融入汉文化而使自身的民族文化几乎丧失殆尽,但从现存的少数民族聚居地及其文化特质中依稀能够推演其独有的生活方式、祭祀文化等。

巴渝水文化起源于巴族和巴国在数千年历史发展中积淀的地域性文化。早期的巴人活动于鄂西,以恩施为中心,后逐渐向川东(即今重庆境内)迁徙并发展。巴人的城市中心逐渐迁徙至涪陵(古称枳)、重庆、阆中。巴人所到之处势力不断扩大,并沿清江上溯,彼时清江水资源丰沛,适宜通航,而巴人善舟楫,可溯江而上。至鄂西后,巴人继续沿大溪北上,到今重庆巫山境内,使清江至大溪逐渐成为汉代之前川鄂交流的主要通道。彼时,三峡流域险阻难通,川鄂水路航运多通过清江至大溪一线,至宜昌入长江。

二、原始崇拜

有史以来的记载表明,巴人崇尚巫术,以巫教为特征,"信鬼尚巫",崇拜天神、地祇、人鬼。

(一)白虎

据《后汉书·南蛮西南夷列传》所载,巴人信仰最早可以追溯到:"廪君死,魂魄世为白虎。巴氏以虎饮人血,遂以人祠焉。"巴人信仰白虎(见图1-1-17),相关记载亦包括《水经注·夷水》《长阳县志》等。

清江流域的土家族一直盛行杀人祭白虎的风俗。古时候,巴人亦自称"虎人",巴族自诩为"虎之族"。现有长阳香炉石廪君庙,仍完整

图 1-1-17　巴人的崇拜物——白虎(资料来源:《华阳国志·巴志》)

保存着巴人白虎信仰的历史遗迹,而民间神话亦有与白虎信仰相关的传说,如“廪君与盐湖女神”“廪君化白虎”等。

(二)巫鬼

神秘的巫鬼文化在华夏民族早期文化中占有非常重要的位置。巴渝地区已知的巫文化发源地是我国重要的巫文化发生、发展所在,被称为历史时期巴文化的血脉。据相关文字记载,许慎《说文解字》曰:“巫,巫祝也,女能事无形,以舞降神者也。”《华阳国志》称賨人“俗好鬼巫”等。巫鬼文化在巴族发生发展进程中延续千年。巴人的雕塑、舞蹈、民风等深受巫文化影响,尤其在宗教、艺术、文字等领域留存至今。

图 1-1-18　重庆丰都出土镇墓俑(资料来源:曾繁模《三峡地区汉代镇墓俑、兽考辨》)

从三峡地区发掘的汉代镇墓俑(见图 1-1-18)相关考察发现,汉代巴渝地区镇墓俑瞪目吐舌的造像正是巴渝墓葬习俗对巫鬼信仰的投射。此类镇墓俑人面人身却牛耳牛角，双目怒睁、舌头硕长垂于胸腹间，手执斧钺等短柄兵器，并借用诸多巴渝地区超能力符号如执斧、巨目、大耳、獠牙等，用以镇墓。巴人用镇墓俑庇护逝者脱离地狱鬼怪侵扰，同时避免逝者以独立灵魂的方式入世害人，巴人以巫鬼将人间、天界、幽冥三界构成不可逾越的界限。林林总总，无不镌刻巫文化烙印。

（三）卜筮与人牲祭祀

巴人较早的文化信仰还有著名的卜筮文化。自先秦至唐宋之后的土家族一直以卜筮文化为民间主要信仰。有唐代刘禹锡诗《畬田行》载曰："何处好畬田，团团缦山腹。钻龟得雨卦，上山烧卧木。"由此对巴人卜筮文化可见一斑。考古发现卜筮文化所用甲骨有三类：龟卜（见图1-1-19）、鱼卜、牛卜。其中，鱼卜最多。巴人的渔猎经济习俗使鱼类及相关水生生物在生活中占据重要位置，并成为巫术信仰崇拜的渊源。

图1-1-19　白沙遗址出土龟卜甲（资料来源：范银典　摄）

巴人"信巫鬼，重人祠"的人牲祭祀巫文化特点，可上溯到新石器时代。有《后汉书·巴郡南郡蛮传》记载，巴人尊先祖"廪君"为白虎，定期举行人牲祭祀。唐代樊绰的《蛮书校注》中载曰："巴氏祭其祖，击鼓而祭，白虎之后也。"重庆地区云阳李家坝出土的战国时期巴人墓地、巫山错开峡悬棺中都分别发现有人牲祭祀的遗迹。至巴国灭亡后，人牲祭祀仍然由巴人后裔土家族沿袭继承。有《宋史·本记·诸蛮传》载:“荆湖转运使言,富州向万通杀皮师胜父子七人,取五藏及首祀魔鬼,朝廷以其远俗,令勿问。”直至近现代土家族依然留存人牲祭祀习俗,但献祭人头改为人血,巫师将血滴注在纸钱上祭祀白虎神,谓之“还人头愿”。

三、移民迁徙

历史时期,巴渝大地是华夏民族极其重要的移民地。据史料记载,自秦灭巴蜀以来,共发生过6次大的移民运动,并伴随大的文化礼仪传播与文化移植,而每一次移民都离不开长江的纽带作用。巴人迁徙路线如图1-1-20所示。

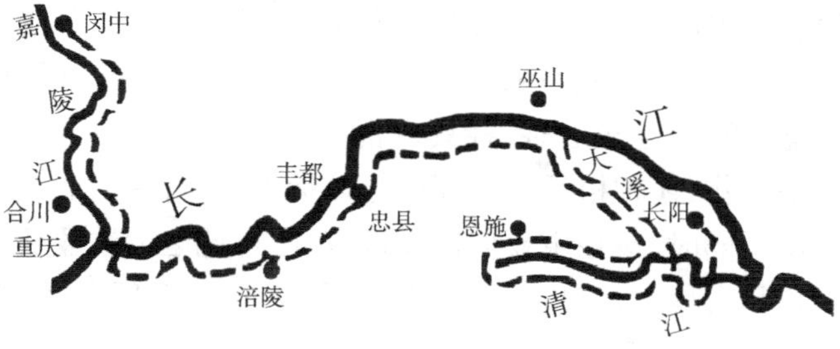

图1-1-20 巴人迁徙路线图(资料来源:《华阳国志》)

(一)先秦巴人族群入巴

《后汉书·南蛮西南夷列传》详细有载:“巴郡南郡蛮,本有五姓:巴氏、樊氏、日覃氏、相氏、郑氏。皆出于武落钟离山。其山有赤黑二穴。巴氏之子生于赤穴,四姓之子皆生黑穴……馀姓悉沉,惟务相独浮。因共立之,是为廪君。乃乘土船,从夷水至盐阳,盐水有神女谓廪君曰:‘此地广大,鱼盐所出,愿留共居。’廪君不许,盐神暮辄来取宿,旦即化小虫,与诸虫群飞,蔽掩日光,天地晦冥,积十馀日。廪君伺其便因射杀之,天乃开明。廪君于是乎君于夷城,四姓皆臣之。”

巴国建国之初,集合了五个氏族部落,其中巴人凭借强悍武力和水上优势获得领导地位,巴人首领巴务相成为首任领袖,称廪君。廪君所属部落沿清江溯流而上,吞并原住民,将清江流域、巫溪河流域的主要盐业经济垄断,最终在湖北长阳土家族自治县境内的“夷城”建立了巴国都城。

（二）秦汉中原移民入巴

公元前316年，秦始皇借巴蜀交恶之际，吞并巴蜀，并设立巴蜀郡县。有据《华阳国志·巴志》记载：秦灭巴蜀，置巴、蜀、汉中三十一郡县。

为加速开发巴蜀经济，秦国统治者组织大量移民包括贵族、商人、一般民众甚至罪犯入巴蜀，也意欲以此改造当地土著，后有《汉书·陈胜项籍传》《华阳国志·蜀志》等均记载秦汉中原移民，以及置郡县、郡守等史实，如“秦始皇徙上郡实之”等。彼时，秦汉移民大规模入蜀，分别沿陆路、水路入巴地。之后，又有中原人口不断入蜀，部分人口又从蜀经水道进入巴渝地域。自秦汉中原移民入巴蜀后，极大地促进了巴蜀地区的经济发展，特别是农业生产技术的大幅度提升，以及手工业、商业的兴盛，所谓“土植五谷，牲具六畜”。至此，巴渝不再仅靠盐、茶、蚕桑等经济产物，还种植橙、葵、荔枝等珍贵水果，对手工业发展起到重要推动作用。同时，秦在主要城市设铁官，巴蜀地区冶铁业及民用建筑也得到了长足发展。彼时，江州虽然水系丰沛，三面环水，但未能修筑城郭，秦国占领江州后特设巴郡，并在今重庆渝中区下半城建筑城郭，标志着重庆作为真正城市并设立郡县的开始。

目前，巴渝地区许多城镇仍然保有秦汉时期的印迹，如朐忍（云阳，朐忍令景云石碑如图1-1-21所示）、黔江、镇远等。此外，由于巴蜀文化与中原文化在语言文字和生活习俗等方面差异颇大，秦吞并巴蜀后使用统一文字，实行书同文、车同轨，使多民族文化迅速融合发展。至汉代，巴蜀商业、农业已相当发达。丝织品、茶叶等经巴地水路（即长江三峡）通往荆楚，远销长江中下游，沿江村落的商业、运输等都得以迅速发展。至两汉，黄河流域大规模战乱的动荡时局，巴蜀却能相对和平稳定，使得许多北方人口又迁入巴蜀之地。

（三）两晋南北朝僚人入巴蜀

在动荡的两晋南北朝时期，战乱纷争不断，中原居民往往以宗族模式集体移民。彼时，巴渝所辖范围包括川东地区、重庆市区及大部分三峡地区等。至成汉时期，又有自贵州境内北上迁徙入巴蜀的几十万僚人。彼时,四川所在属地战乱不断,郡邑空虚,由汉中入巴蜀的流民十余万人,常有掳掠,使巴蜀陷入混乱,人烟渐少。至成汉第四位皇帝李寿时期,大批僚人从南中、牂牁等地掠夺入巴蜀。彼时,迁徙入巴渝地区的僚人大量分布在今重庆的璧山、永川、荣昌、大足、南川、巴南、綦江、江北、江津等地。现存重庆地区的吊脚干栏式建筑与僚人也颇有渊源。

图 1-1-21　重庆云阳旧县坪遗址发掘的东汉巴郡朐忍令景云石碑(资料来源:重庆中国三峡博物馆)

(四)隋唐五代移民入巴蜀

在战乱频仍的隋代末期至唐代初期,地处西南偏远地区的巴蜀之地"独无寇盗""百姓富庶",成为中原等地区民众的避难所。同时,沿长江流域的巴渝商业集镇也迅猛发展,从考古遗址发现,沿江集镇有大量来自景德镇窑、钧窑和长沙窑等瓷器遗迹,表明此时巴渝商贸已相当繁盛。加之盐业特色与优势,也吸引了相当数量的商业移民进入巴渝地区。据《隋书·地理志》记载,隋大业五年(公元 609 年),巴蜀境内居民人数即 50.5 万户。而据《旧唐书·地理志》记载,唐太宗贞观十三年(公元 639 年),居民人数上升到 69.4 万户。在近 30 年间,居民住户增加了近 20 万。天宝十四年(公元 755 年),安史之乱爆发,唐玄宗入巴蜀避乱,又有大量中原人士随迁入蜀,形成了又一次移民高潮。虽然唐玄宗随侍入川官军仅 1 300 人,但随之涌入中原流民数量众多。至黄巢起义,唐僖宗又步先祖后尘,率百官逃入巴蜀,并有关中大量贵族或大族流入。重庆奉节上官遗址出土唐代越窑青瓷唾壶如图 1-1-22 所示。

(五)宋元移民入巴蜀

自宋代始,巴蜀地区移民构成发生了改变。北宋时期,在王全斌率领部队伐蜀时,北方籍为主的大量军事移民进入巴蜀。彼时,中原文化成为辐射巴蜀地区的主流文化。宋代建国之后,除边境上屯驻少量禁

图 1-1-22　重庆奉节上官遗址出土唐代越窑青瓷唾壶

（资料来源：重庆中国三峡博物馆）

军外，一半禁军驻扎开封，一半禁军驻扎地方，当时便有不少禁军屯驻在巴渝地区。宋代在地域广阔、地理条件错综复杂的夔州路设置了上百个军事砦堡聚落，所辖区域遍及今贵州、四川、重庆、湖北 4 省（市），包括渝州、黔州、绍庆府、达州、重庆府、忠州咸淳府、夔州、开州、万州、涪州、施州、播州、思州、珍州、梁山军、云安军、南平军、大宁监等十八府（州）军监。后来，砦堡逐渐演变为城镇。宋元之际的抗蒙战争，砦堡军民坚守川东 35 年。

宋代除了军事移民，本地居民也因"不立田制""不抑兼并"的四川封建大土地所有制，失去土地逃离故土，被迫向少数民族和边远山区迁徙。这些外逃的农户至巴渝南部边境，与蛮荒之地的大量僚人聚居，使得当时少数民族汉化程度很高，并促进了巴渝南部地区干栏式建筑的发展。重庆市出土的宋代文物如图 1-1-23 ~ 图 1-1-25 所示。

（六）明清"湖广填四川"

由于战争原因，明代前、中期已有多次大规模的农民起义，如红巾军在湖北地区起义，自巫峡进入四川地区，以重庆为中心建立"大夏"农民政权，导致湖北人口迁徙入四川。后有明末与清初的战火纷飞，如张献忠入蜀，建立政权；清军入川，与当地武装力量斗争；吴三桂叛乱，波及四川，等等，更使巴蜀大部分地区生灵涂炭，人口数量急剧下降。

彼时，在官方移民政策引导下，有大量以湖广籍居多的移民入巴蜀，成为历史上著名的巴蜀移民活动，俗称“湖广填四川”。

图 1-1-23 重庆市开县温家镇出土南宋湖田窑青白釉婴戏缠枝牡丹纹瓶（资料来源：重庆中国三峡博物馆）

图 1-1-24 重庆市忠县窖藏出土南宋龙泉窑青瓷玉壶春瓶（资料来源：重庆中国三峡博物馆）

图 1-1-25 重庆市忠县窖藏出土南宋龙泉窑青瓷匜
（资料来源：重庆中国三峡博物馆）

据明嘉靖《云阳县志》记载:“惟邑山险旷野,多杂以四方流民。”明代中后期有大量移民流入大宁、大昌、云阳。清光绪《巴东县志》有载:“(崇祯)十七年二月张献忠尽驱荆州民入蜀,男女扶携,越数月始毕……”张献忠起义掳掠荆州等地大量移民由巴东入川。移民入川,巴渝地区是必经之路,如两湖邻境酉水流域、梅江流域的湖南土家族,曾以宗族群体直接迁入巴渝东南地区。彼时,有移民经过巴渝即就地定居,使得移民数量比川西等地的要多。

至清代,政府采取优惠政策鼓励民众自发移民。江西、湖广地区人多地少、赋税繁重,而紧邻湖广的巴渝地区则地多人少。大量湖广移民纷纷入巴渝,江西移民也陆续跟进。此外,广东、福建原本土地贫瘠、多丘陵,加之清政府因政治原因曾强令沿海居民“尽令迁移内地”。故有相当多民众也选择迁入巴蜀地区,至今重庆地区仍有大量客家建筑等相关遗存。

历史上,巴渝地区是一个较典型的移民区域,从古到今有过7次对流域产生深刻影响的移民,从巴人及其部族迁徙到“湖广填四川”,再到20世纪末、21世纪初长江三峡工程移民。特别是古今中外最宏大的水利迁徙工程——三峡工程百万移民迁徙,历时16年分四期工程,政府累计拨付移民资金856.53亿元,合计安置移民137.92万人,其中湖北25.96万人、重庆111.96万人。此外,迁建城市2座、县城10座、集镇114座、工矿企业1 632家;重建公路830.32千米、港口7座、码头270处、各类房屋5 054.76万平方米、输变电线路2 457.6千米、广播电视线路3 541千米、通信线路4 556.3千米;实施文物保护1 093处。

三峡工程从民国时期孙中山的伟大设想到中华人民共和国第七届全国人大五次会议的顺利通过,历经将近一个世纪的漫长岁月。有人概括为“梦想70余载,调查50多年,论证40多个春秋,争论了30多个冬夏”。而其中反复调查、论证和争论的焦点之一主要是移民。三峡工程百万移民的成功实施,不仅在近现代中国乃至世界水利建设史中都具有里程碑意义,而且更使古老的华夏母亲河成为奔向未来的大河。

参考文献

[1]黄曲．大溪文化遗存的一部力作[N]．中国文物报,2018-01-23(007).

[2]唐常春,刘华丹．长江流域主体功能区建设的政府绩效考核体系建构[J]．经济地理,2015,35(11):36-44.

[3]冯兴华,钟业喜,李建新,等．长江流域区域经济差异及其成因分析[J]．世界地理研究,2015,24(3):100-109.

[4]王永磊．环太湖地区马家浜时期文化研究[D]．济南:山东大学,2013.

[5]唐常春．流域主体功能区划方法与指标体系构建——以长江流域为例[J]．地理研究,2011,30(12):2173-2185.

[6]笪浩波．长江中游新石器时代文化与生态环境关系研究[D]．武汉:华中师范大学,2009.

[7]孟华平．论大溪文化[J]．考古学报,1992(4):393-412.

[8]李文杰．大溪文化的类型和分期[J]．考古学报,1986(2):131-152.

[9]代玉彪,白九江．重庆市巫山县大水田遗址大溪文化遗存发掘简报[J]．考古,2017(1):42,126,43-60,2.

[10]吴汝祚．大溪文化综论[J]．江汉考古,1993(2):34-41.

[11]范银典．明清巴渝地区宗族祠堂建筑特色研究[D]．重庆:重庆大学,2016.

[12]刘虹毓．巴渝文化在近、现代的演变与地方文献发展战略研究[J]．重庆与世界(学术版),2014,31(9):68-73.

[13]余楚修．巴渝文化刍议[J]．重庆师院学报(哲学社会科学版),2000(2):3-12,48.

[14]苏静,伍美洁．2018·非遗与巴渝文化学术研讨会会议综述[J]．重庆文理学院学报(社会科学版),2018,37(3):26-34.

[15]杨发军,孙道进．重庆茶文化与巴渝水文化结合探析[J]．福建茶叶,2018,40(5):345.

[16]逯宏．从《召南·江有汜》看巴渝歌舞对中原诗歌的影响[J]．宝鸡文理学院学报(社会科学版),2018,38(2):33-37.

[17]巴渝文化发展的四个阶段[J]．重庆与世界,2018(4):40-41.

[18]李波．传承巴渝文化　推动重庆文化繁荣[N]．重庆日报,2018-01-18(006).

[19]黎小龙．“巴蜀文化”“巴渝文化”概念及其基本内涵的形成与嬗变[J]．西南大学学报(社会科学版),2017,43(5):171-182.

[20]张潇尹. 基于移民影响的巴渝传统民居形态演进研究[D]. 重庆:重庆大学,2015.
[21]邱建彬. 三峡移民的文化适应研究[D]. 重庆:西南大学,2013.
[22]侯路,赵云雪. 论长江经济带建设中的重庆文化发展[J]. 中华文化论坛,2016(8):38-42.
[23]杜耘. 保护长江生态环境,统筹流域绿色发展[J]. 长江流域资源与环境,2016,25(2):171-179.
[24]熊笃. 论"巴渝文化"是贯通重庆古今的主流文化[J]. 重庆社会科学,2005(6):104-108.
[25]陈烨. 初谈"巴渝神鸟"的文化来源[J]. 现代装饰(理论),2013(10):208.
[26]陈连开. 论中华文明起源及其早期发展的基本特点[J]. 中央民族大学学报,2000(5):22-34.
[27]杨华,丁建华. 巫山大溪遗址的考古发现与研究[J]. 四川文物,2000(1):9-19.
[28]张颖玲. 湖广填四川移民历史研究[J]. 西部学刊,2019(22):100-112.

第二章　乌江水系

发源自贵州省威宁县香炉山花鱼洞的乌江，系长江上游右岸的最大支流且水网林立，沿岸流经：贵州境中部—贵州境东北部—重庆酉阳—重庆彭水—重庆涪陵。乌江自先秦至唐代被称作牂牁江（先秦时期贵州属牂牁古国），亦称涪陵水、内江水、延水等，自唐代，特设立黔中道，称“黔江”，沿用至宋代。“乌江”被首次命名，可追溯至元代。

早在旧石器时代，人类已在乌江流域开始生息繁衍。逐水而居的巴蜀先民借助乌江与长江交汇，沿长江干流和乌江支流不断扩展迁徙。伴随蜀国和巴国的产生，并由此创造了灿烂的巴文化和蜀文化。彼时，蜀文化沿长江东进，不断沿干流向西扩展的巴文化也陆续沿乌江支流南下，对地处乌江流域渝东南地区的本土文化品格产生了深刻的影响。

第一节　兼纳百川的水网

长江上游右岸最大的支流乌江全长 1 037 千米，水系曲折蜿蜒，兼纳百川，水网纵横交错（见图 1-2-1）。流经贵州境内 874. 2 千米，流经重庆境内 162. 8 千米。依照流域分水岭的划界，乌江流域横跨 11 个州、市，56 个县级行政区，其中包括云南省 1 市（县）、贵州省 45 市（县）、重庆市 7 区（县）、湖北省 3 市（县），流域总面积达 87 921 平方千米。

乌江发源分南北两源，其中南源的三岔河发端于威宁乌蒙山东麓的香炉山，河源海拔高程 2 241 米；北源六冲河，发源于赫章县大坡山，河源海拔高程 2 153 米。两大河源在化屋基汇合，汇合处海拔高程 862. 1 米，以三岔河为主，以化屋基、思南为上、中、下游分界：上游—化屋基（分界）—中游—思南（分界）—下游—涪陵入江口。

乌江流域在贵州、重庆、湖北、云南境内的流域面积分别为：67 500

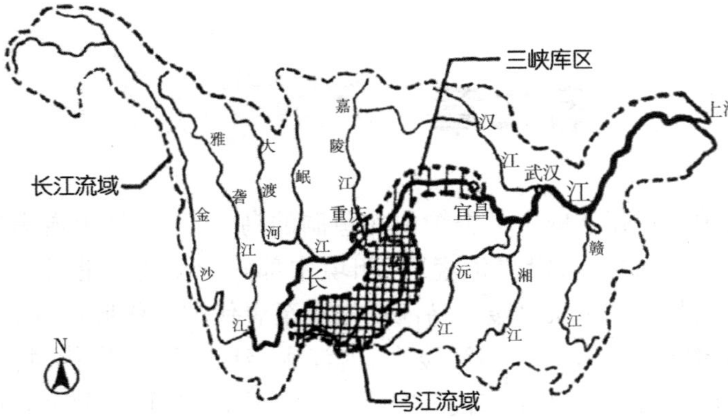

图 1-2-1　乌江流域在长江流域中的地理区位

（资料来源：赵炜，据地图资料绘）

平方千米、15 534 平方千米、4 221 平方千米、566 平方千米。乌江分别以北部的大娄山脉与赤水河，东北部的武陵山脉与沅江，西部的乌蒙山与赤水河，南部的苗岭山脉与清水江、红水河等作为分水岭。乌江与它众多的支流呈现山地河流的典型特征，流域内复杂多样的河谷地貌，呈现千姿百态的瀑布、急流、跌水、缓流等。同时，在乌江上、中游如三岔河支流响水河，六冲河支流织金河、纳雍河、白甫河等，呈现反常型河流形态，在由高原转入中山、峡谷时易形成跌水或瀑布。乌江流域淡水湖泊主要分布在海拔达 2 100 ~ 2 400 米的乌江上游高原面，其上残留着被俗称"海子"的大大小小的岩溶湖。

乌江干流全长 1 037 千米，沿途汲取众多支流，水系分布呈羽状，其中，如唐岩河、芙蓉江、六冲河、清水江、洪渡河、猫跳河、湘江等 15 条支流较大。乌江号称"天险"，流域地势切割性强、高差大，自然景观垂直变化明显，天然落差可达 2 123. 5 米，年均流量 1 650 立方米每秒，素以谷狭、滩多、流急闻名。

乌江流域水能资源、动植物种类、矿产资源十分丰富，水域通航条件和自然生态环境优渥，巴渝先民不仅依靠得天独厚的天然保障繁衍生息，更伴随千年历史更替，逐渐聚集形成土家族、布依族、彝族、苗族等四十多个少数民族，不断积淀形成各民族独具特色的民俗民风、民族信仰等文化品格。

第二节　川渝黔文化脉络

先秦时期，巴蜀文化是西南地区最为强盛的文化，它们不断向外拓展征服，吸纳外来文化。现代考古学大量研究显示，先秦时期文化在我国西南地区可大致划分为峡江地区、贵州地区和成都平原地区，其中贵州地区和峡江地区的发展曾经历了多个文化时期，而成都平原文化发展相对比较整齐。

一、成都平原地区

先秦时期，成都平原文化均属蜀文化，它影响四川地区并逐渐向东扩展辐射整个长江中游西部地区，并伴随楚文化西进而展开民族文化融合，大致文化阶段可分为三星堆文化、成都十二桥文化、晚期蜀文化等。

（一）三星堆文化

拥有文字、青铜器、城市、大型礼仪建筑的三星堆古代灿烂文明距今5 000 ~ 3 000 年历史，因发掘于四川广汉三星堆而得名。历史时期，这里曾是历经蚕丛、柏灌、鱼凫和杜宇等君王的古蜀国都城。穿越三星堆多个历史时期文化堆积，清晰可见：三星堆发展的第一历史阶段正是四川地区的原始社会时期，彼时，当地的土著文化以氏族部落为主；第二个历史阶段包括蜀文化形成、繁荣和扩展期，蜀文化形成时期正值中原地区的夏王朝，之后蜀文化逐渐发展至三星堆文化顶点，正值夏和商代前期；第三个历史阶段伴随着旧文化衰退和新文化崛起，在原有文化特征基础上出现新的特征（比如大量出现的尖底器等）。大约至商末周初，三星堆文明突然消失。

相关发掘表明：三星堆文化是多民族文化融合的产物，它包含土著文化、夏商文化、吴越文化，以及滇、越等地方文化，同时又具有鲜明的自身特色。三星堆出土文物如图 1-2-2 ~ 图 1-2-5 所示。

图 1-2-2　三星堆出土铜虎
（资料来源：三星堆博物馆）

图 1-2-3　三星堆出土远古图腾青铜大鸟头
（资料来源：三星堆博物馆）

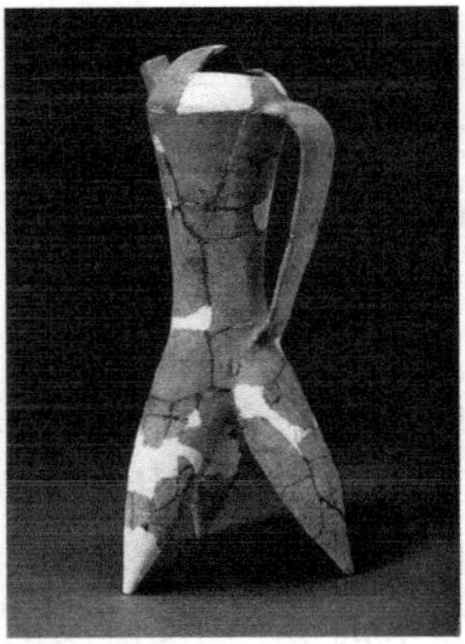

图 1-2-4　三星堆出土文物尖底器——陶盉
（资料来源：三星堆博物馆）

图 1-2-5　三星堆出土陶鸟头勺把
（资料来源：三星堆博物馆）

（二）成都十二桥文化

成都十二桥文化遗址群落分布在成都平原中心地区较大范围内。现有考古表明：该处遗址大约为带有庑廊的大型宫殿类建筑。距今3 100年左右，伴随三星堆文化消失，与之同样发达的成都十二桥文化悄然崛起，历经商代（晚期）、西周至春秋（中期）等历史时期。成都十二桥文化遗址出土文物如图 1-2-6 所示。

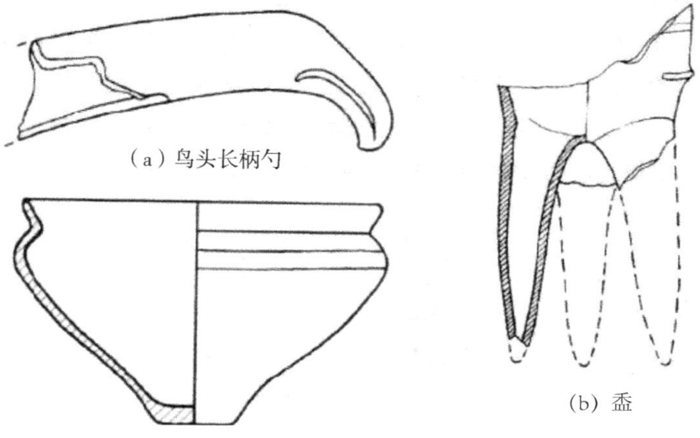

（a）鸟头长柄勺　（b）盉　（c）小平底罐

图 1-2-6　成都十二桥出土陶器

（资料来源：施劲松《十二桥遗址与十二桥文化》）

从出土器物的考古比较研究表明，十二桥文化是对三星堆文化的继承和发展。其文化影响颇深，在诸多地区考古发掘中，均发现了与十二桥文化类似的陶器，可以清晰地表明蜀文化沿长江不断东进的历史脉络。

二、峡江地区

峡江地区不断发掘出丰富的古代遗存，如重庆忠县哨棚嘴文化遗存，以及与之同时期发展的大溪文化遗存等，他们分别以瞿塘峡为界，后发展为丰都玉溪坪文化、忠县中坝文化，并进入青铜时代。之后，巴国产生并崛起，巴文化不断扩展其影响力。

（一）忠县哨棚嘴文化

发掘于重庆忠县的哨棚嘴遗址，属新石器时代晚期的哨棚嘴文化，距今 5 500 ~5 100 年，可划分为完整的七个文化时期。有研究表明，由于器物和制作方面极大的相似性，它可能源于甘肃地区的新石器文化，并沿白龙江、嘉陵江传入。相关出土文物以陶器为主，包括深腹罐、平口高领罐、高领瓮、敛口钵、尖底缸、折沿盆和圈足盘（见图 1-2-7），并保有丰富多彩的纹饰,如绳纹、菱格纹、戳印纹等,且数目渐趋增多。其中,不同历史年代折沿深腹罐、敞口深腹罐、高领瓮等陶器变化明显,包括器物整体形态、口沿形状、花边装饰、器形纹饰等变化。如折沿深腹罐从卷沿发展演变为折宽沿且口沿逐渐向外撇,并装饰逐渐变粗的菱格纹;高领瓮肥胖腹部演变为瘦高与溜肩形态,而双唇演变为平口。

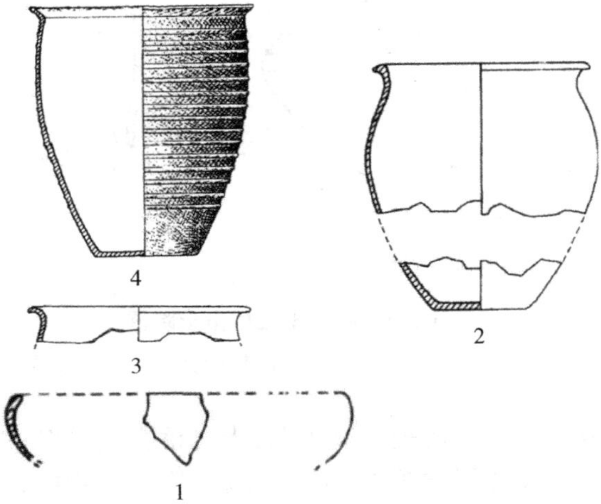

1—敛口钵;2—花边口鼓腹罐;3—卷沿罐;4—折沿深腹罐

图 1-2-7　哨棚嘴遗址出土器物

(二)丰都玉溪坪文化

因重庆丰都玉溪坪典型遗址命名的玉溪坪文化,历史年代距今 5 100 ~ 4 600 年,它以新石器时代土著文化为主,但又开放性极高,与屈家岭文化、庙底沟二期文化、营盘山文化具有明显的文化交往与互动,折沿罐是主要代表性器物(见图 1-2-8、图 1-2-9)。它东自巫山、西至渝西、北联成都平原、东南到贵州东北,遗址众多,几乎遍及整个重庆地区,整体自然生态环境优渥,处于重庆地区新石器时代文化鼎盛时期。

(三)忠县中坝文化

重庆市忠县地区新石器时代晚期中坝文化遗址与哨棚嘴遗址毗邻,距今 4 600 ~ 3 700 年。中坝文化堆积众多,花边缸和盘口罐是主要

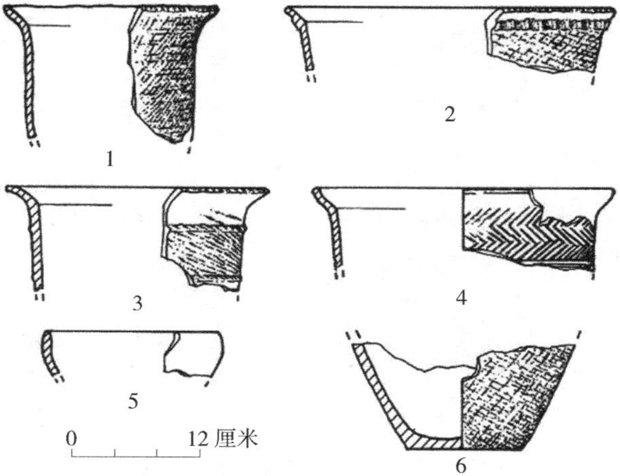

1—夹沙卷沿深腹罐；2～4—夹沙折沿深腹罐；5—钵；6—罐底

图 1-2-8　玉溪坪遗址出土陶罐折沿罐

（资料来源：王海阔《重庆市丰都县玉溪坪遗址 2002 年度发掘简报》）

(a)大河口遗址出土中坝文化陶曲口罐

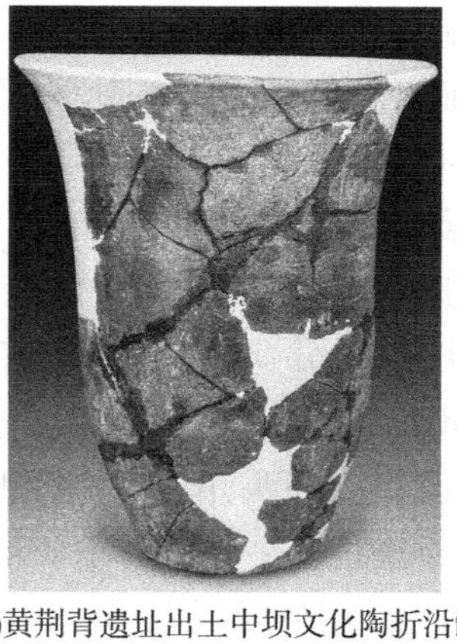

(b)黄荆背遗址出土中坝文化陶折沿罐

图 1-2-9　涪陵出土新石器时代中坝文化文物

（资料来源：重庆市文化遗产研究院《重庆三峡后续工作教研出土文物图集》）

代表性器物，前者几乎占出土器物的 50%。并同时发现上述玉溪坪文化保有的折沿深腹罐等器物（见图 1-2-10），且两者纹饰、制法等方面

(a)夹砂红褐陶卷沿罐

(b)夹砂黄褐陶折沿罐

图 1-2-10　重庆巴南熊家湾出土玉溪上层文化

(资料来源:重庆市文化遗产研究院《重庆三峡后续工作考古出土文物图集》)

存在相似性,可以推断两种文化之间的联系。中坝文化融合吸收了玉溪坪文化的某些精髓并不断发展,如玉溪坪文化中极少出现的缸类,在这里却大量涌现,其文化影响一直扩展到乌江流域的渝东南地区。中坝遗址出土的三种制盐陶器如图 1-2-11 所示。

(四)巴文化

最早生活在鄂西一带的巴人约在夏代初年之后,因不敌楚人部族而不断西进至重庆地区。直至助武王伐纣获封巴国,最初定居于今天的重庆涪陵,并通过不断开疆拓土,经历繁荣约 300 年。至战国战乱年代,逐渐衰落,并被秦国所灭,之后秦国设巴郡。彼时,巴文化区大致西至宜宾、东到鄂西、南达黔中、北起汉中等广大地区,文化影响甚广。其中,在重庆巴县冬笋坝和重庆涪陵小田溪墓葬等代表性遗址,出土了大量佐证巴文化的文化堆积。从发掘的大量器物中,可以清晰地看到:一是巴文化中巴蜀文化符号,多镌刻印章、青铜器上,如重庆中国三峡博物馆馆藏柳叶形剑(见图 1-2-12)、内阴刻有虎纹的戈(见图 1-2-13)等;二是巴文化独有的巫鬼文化异常发达,以致在鄂西、川东,特别是三峡地区形成了独具传奇色彩、渊源甚古的著名巫文化圈;三是以錞于等青铜器为代表的礼乐重器,以及先民的乐舞民俗民风,无不昭示巴人发

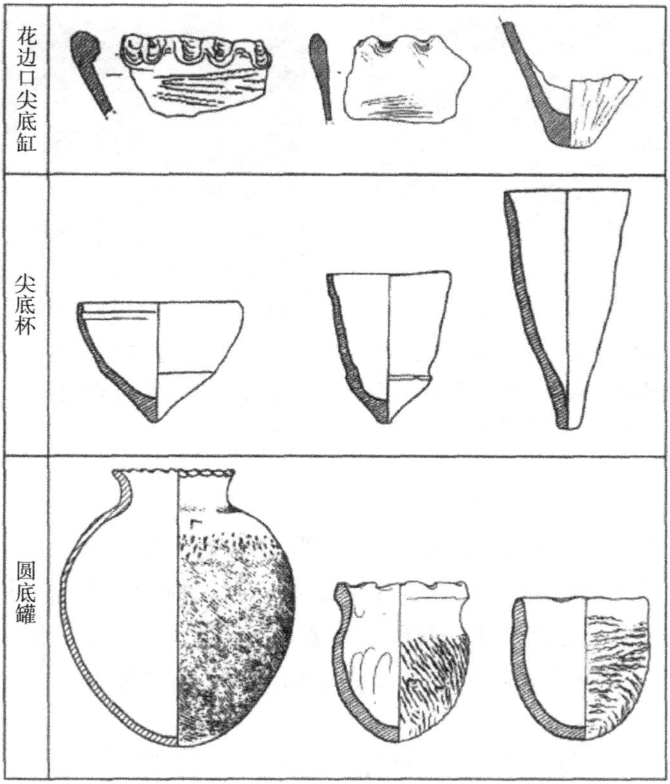

图 1-2-11　中坝遗址出土的三种制盐陶器

（资料来源：吴小红《重庆忠县中坝遗址的碳十四年代》）

达的乐舞文化；四是以崇拜白虎为代表的廪君蛮部落与畏惧白虎的板楯蛮部落之间，两种信仰共生、融合；五是神女崇拜文化源远流长，如巫山神女、盐湖女神等。

三、贵州地区

贵州地区虽属沟壑纵横、相对隔绝的高原地形，但水系等自然资源相对优越，很早就有人类驻足的遗迹，如已发掘的自旧石器时代至明清等遗址，贵州黔北、黔西一带集中了大量的旧石器时代遗址，包括典型

图 1-2-12　重庆巴县冬笋坝出土战国鎏金虎纹铜剑(巴蜀柳叶形剑)(资料来源:重庆中国三峡博物馆)

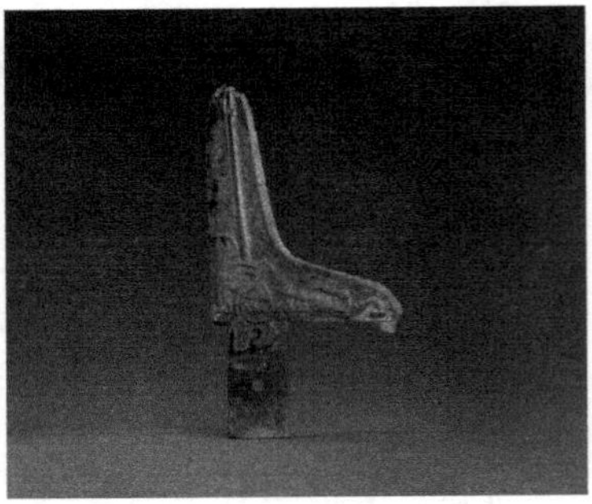

图 1-2-13　重庆云阳李家坝出土巴蜀文字虎纹铜戈(资料来源:重庆中国三峡博物馆)

的黔西观音洞文化,有大量的打制石器、哺乳动物化石等。但后来骤然消失,进入到新石器时代,遗址甚少,仅在乌江流域源头支流、中下游地区贵州与重庆的交界处等发现少量遗址。至青铜器时代,出现鸡公山文化,该文化在公元前 800 年深受蜀文化影响,后又形成全新的文化。

第三节　巴渝重要文化堆积

乌江流域相关考古研究的重要遗址包括硝灰洞、白岩脚、观音洞、穿洞等,而属于新石器时代的遗址不多,最著名的为六枝老坡底遗址,再至商周、汉代有典型的赫章可乐文化。重庆段乌江流域的主要遗址有黑獭神坝渡遗址、徐家坝遗址等,从石器时代一直延续到明代。重庆武隆的盐店嘴和土坎,特别是盐店嘴属玉溪下层文化时期,历史悠久。重庆酉阳地区则有清源、邹家坝遗址等,重庆涪陵属于乌江流域遗址典型的有陈家嘴、小田溪墓地遗址,其中小田溪墓地遗址属于战国时期贵族墓群,出土文物异常精美,为后期巴国巴族巴文化研究提供了可靠的依据。

在那个争霸的年代,巴蜀文化辉煌灿烂,又与楚文化激烈争锋并相互融合,沿长江、乌江流域不断影响西南地区各族人民。

一、涪陵地区

地处三峡库区腹地、重庆市中部，并居于乌江、长江交汇处的涪陵，水通今古，素有渝东门户之称。

春秋战国时期，涪陵为巴国国都。至秦昭王三十年（公元前 277 年）置枳县，亦为历史时期置县之始。之后的漫长岁月中，均为州、郡、专区、地区、地级市等所在。由于优渥的地理水系位置，使涪陵在经济上历来处于承东启西，沿乌江、长江辐射的战略地位。涪陵遗址分布如图 1-2-14 所示。

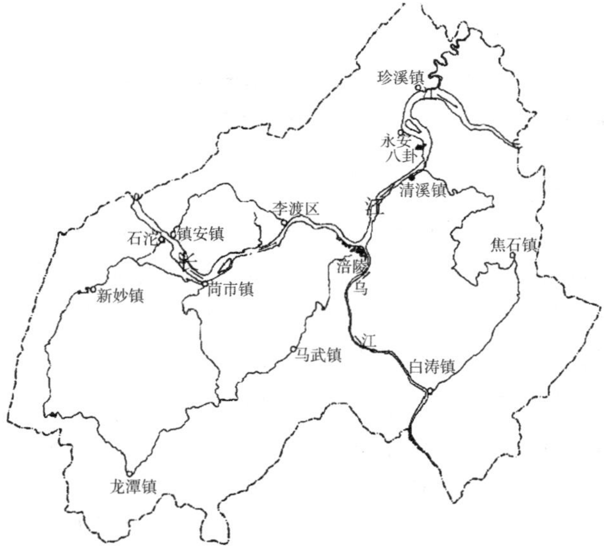

图 1-2-14　涪陵遗址分布示意图

乌江自贵州发源，流经黔东北—酉阳—彭水—武隆—涪陵—长江。先秦时期，涪陵因其得天独厚的地理优势，西有蜀文化东进，东有楚文化西进，而涪陵自有其本土巴文化，彼时文化交集甚众，已发掘的有石沱遗址、蔺市遗址、镇安遗址等典型遗址，这些遗址多分布在长江流域，后来又随着秦的统一，在涪陵地区也发现了秦文化南下的因素。

（一）石沱遗址

该遗址位于长江南岸，文化发展时间延续长，其典型代表器物主要有尖底盏、高领壶和小平底盆等（见图1-2-15），其相关典型器形、器物及纹饰等与成都平原地区相关发掘文物相似，而相关楚文化元素的器物较为少见。彼时，蜀文化和巴文化的影响占主导地位，并向渝东南地区沿长江流域辐射至乌江流域。

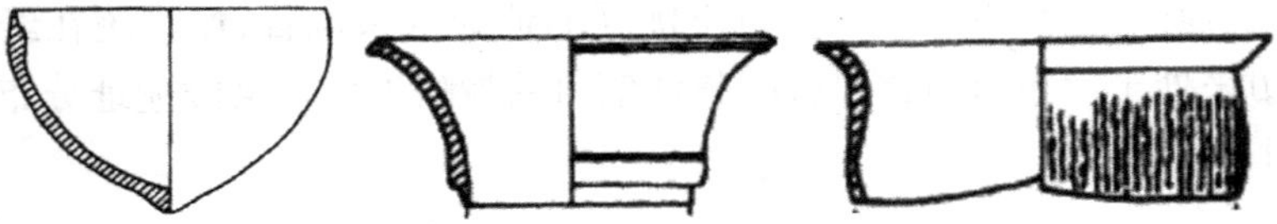

（a）尖底盏　　（b）高领壶　　（c）绳纹罐

图1-2-15　石沱遗址出土典型陶器

（资料来源：袁进京《重庆市涪陵区石沱遗址1998年度发掘报告》）

（二）蔺市遗址

蔺市遗址位于涪陵长江右岸的转折处，是涪陵地区发现的一处重要的商周时期遗存。其出土陶器如罍、尖底杯、平底瓶、小平底器和簋型器等与四川地区同时期（十二桥文化遗存）遗址中出土器物在器形上比较相似，相当于十二桥文化时期，说明当时的蜀文化是沿长江流域不断南下。除此之外，出土文物还包括商周文化中如罍和一些釜罐等的某些特点（见图1-2-16），西周、东周时期湖北为楚国属地，不排除楚文化开始西进的历史。同时，从遗址中发掘的3座战国至秦的墓葬出土文物中，还发现：所出土典型石器与北方中原地区无大的差异；墓葬为土坑竖穴墓且随葬品中夹砂圆底釜等为典型的巴文化风格，但形制和葬式却与江陵、长沙楚墓葬一致，展现出巴、蜀和楚三种文化汇合的历史。

（三）镇安遗址

镇安遗址位于长江北岸，与石沱遗址相对，是涪陵地区另一处商周时期的遗址，历史年代自商周至明清。其中，商周时期典型器物大口花边釜、“8”字形捉手器盖、卷沿盆、高领壶、炮弹状敛口尖底杯（见图1-2-17）等与成都十二桥遗址出土文物相似，特别是炮弹状敛口尖底

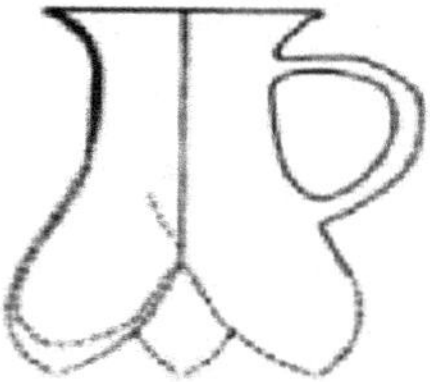

（a）斝

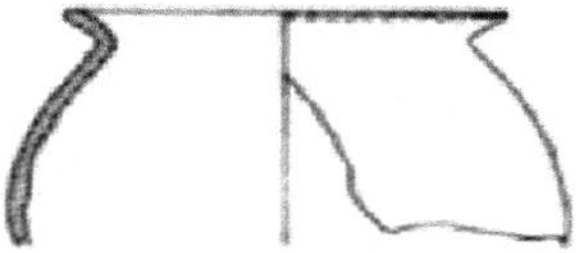

（b）乙A型陶罐

（c）B型釜

图 1-2-16　蔺市遗址出土陶器

杯数量众多,属典型蜀文化风格器物,而属于巴文化的红陶角状尖底杯却较为少见,可以认定文化仍相当于成都十二桥文化时期。

（a）大口花边釜

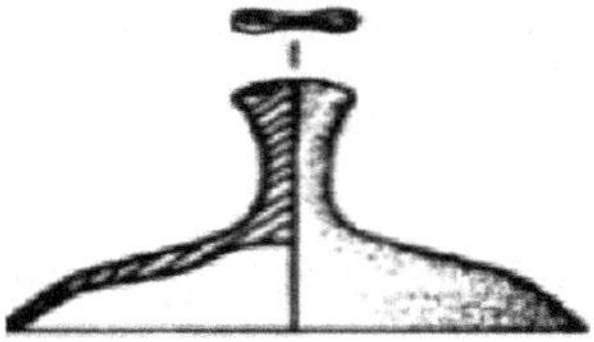

（b）“8”字形捉手器盖

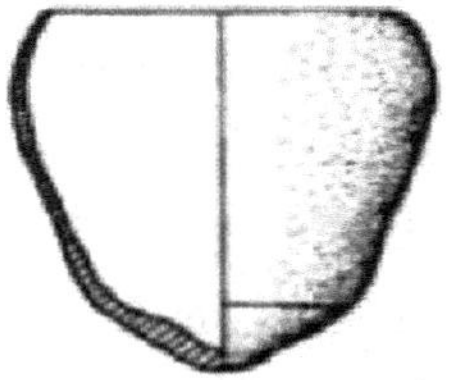

（c）炮弹状敛口尖底杯

图 1-2-17　镇安遗址出土陶器

夏商至春秋前期,涪陵为濮人居住区。春秋中后期至战国中期为巴国地,涪陵称为枳。战国中后期,涪陵为楚国地。秦国名将司马错主张“得蜀则得楚,楚亡则天下并矣”,至公元前 316 年,遂率军南下灭巴蜀,为之后灭楚做准备。秦昭王三十年(公元前 277 年),涪陵属巴郡地，置枳县。公元前224年，秦灭楚。近现代考古表明：涪陵所在的小田溪战国墓葬众多。其中，20世纪七八十年代发掘的墓葬主要为秦国灭巴前，具有典型的巴文化特征。如陶豆、铜壶、单耳罐、圆底釜、釜甑（见图1-2-18）等，其中釜、甑可分开，或配合使用。同时，出土有青铜釜、壶、钺、柳叶剑等大量独具巴文化特点的青铜器，器物纹饰亦有部分巴蜀图语如、、等，多见于乐器、兵器。可见，战国时期的巴地冶铜技术发达、政权强盛。

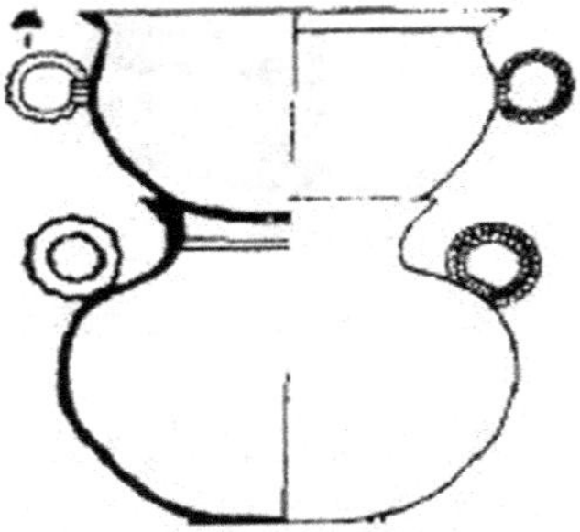

图1-2-18　小田溪墓地出土的釜甑

同时，在后期的发掘中，逐渐发现多民族文化融合的印迹，如巴文化、秦文化、楚文化相互交融，并使黔文化与巴楚文化难以明显分界。另外，陈家嘴遗址与小田溪墓地仅一溪之隔，相关考古研究推测可能为对岸贵族墓地的守陵人之墓。这些墓地均沿乌江朝向一个方向而建，在遗址中发掘出巴人青铜柳叶剑、巴蜀图语青铜印章，其中巴蜀图语与对岸贵族墓葬纹饰基本相同，但又发现具有越文化特征的靴式锁，证明彼时巴国的文化交流已远至东南地区。上述发掘的相关研究表明：先民由乌江出口处逐渐向上游发展，并且战国时期巴文化的影响远胜于黔文化，前者以其巨大的辐射作用沿乌江向上游地区扩展。

涪陵地区各典型遗址考古研究表明：

第一，涪陵地区在商周时代受鱼凫王朝统治，沿长江逆流而上的鱼凫王朝经重庆、四川，川渝两地因水相联，从涪陵发掘的蔺市遗址、镇安遗址、石沱遗址中的器物，大多具有成都十二桥文化特质，同时，也具有部分巴文化特征,可见彼时不断沿长江向外辐射的蜀文化占据优势地位。此外,居于峡江地区“因盐而兴”的巴国,区域内盐资源丰富,由于古蜀国并不盛产盐,导致古蜀国自蚕丛时代已派驻专人向瞿塘峡取盐,彼时巴国处于古蜀国统治之下。

第二,由于重庆涪陵处乌江、长江交汇处,自战国时期已具有非常重要的政治地位。从相关考古清晰可见,上述蔺市、镇安、石沱遗址主要以陶器为重,兼具巴蜀两种文化特质。而小田溪和陈家嘴遗址居于乌江下,却发现了大量如青铜编钟等礼器、乐器,涪陵的政治中心地位可见一斑。

二、武隆地区

重庆武隆地区位于长江上游、乌江下游,至西周、春秋时代已为巴国属地,至战国为枳县(涪陵)属地。武隆多河谷、深丘,已发掘先秦文化堆积有盐店嘴遗址、土坎遗址、黄草遗址、蒋家坝遗址等。

(一)盐店嘴遗址

盐店嘴遗址位于乌江左岸第二级阶地上的重庆武隆江口镇。盐店嘴遗址文化自新石器时代一直绵延至汉魏时期,相关出土文化遗存包括:新石器时代第一期出土石制品,与丰都玉溪下层相似,但未见通体磨光的石器,距今7 000年左右;新石器时代第二期出土的典型性折腹钵、泥质高领壶、细夹砂深腹罐等器物,与前述玉溪坪遗址新石器时代第一至三段陶器文化概属同一范畴,距今6 000～5 000年。至商周时期,出土的花边口沿纹唇器物、炮弹状尖底杯、泥质红陶羊角状尖底杯等,属渝东地区典型文化器物。其中,花边口沿器、羊角状尖底杯等均在哨棚嘴文化遗存中有发现,属巴文化特征器物,而炮弹状尖底杯在涪陵镇安遗址、哨棚嘴文化第三期亦有发现。

(二)黄草遗址

地处乌江东岸二级阶地之上的黄草遗址,距乌江银盘水电站坝址上游约5 000米。相关历史文化遗存,自商周一直绵延至明清时期,尤以商周遗存为主,有大量夹砂褐陶、夹砂灰陶碎片,器型分别有钵、盆、罐等,动物骨骼及石器也略有所见。其中,盆、罐等器物的器型与丰都石地坝遗址、成都十二桥文化遗址相关遗存类似,可见其文化关系。乌江沿岸渝东南地区商周文化遗址颇丰,其中独具代表性的包括涪陵小田溪墓群与涪陵陈家嘴、武隆土坎、武隆盐店嘴、彭水徐家坝、酉阳邹家坝、酉阳清源等遗址。上述文化遗存构成了新石器时代至东周时期乌江下游的文化框架。

(三)蒋家坝遗址

作为乌江沿岸重要的文化遗址蒋家坝遗址,与酉阳(清源与邹家坝)、彭水(徐家坝)、武隆(黄草与盐店嘴)等众多遗址形成了居于乌江下游两岸的商周聚落群。蒋家坝遗址地处乌江左岸一级台地之上,与水厂坝遗址隔水相望,北隔大堰沟,南达小麻园,西距乌江约80米,其文化渊源自新石器时代一直绵延至明清时期。其中,占主导的相关遗存主要是新石器时代遗存和商周遗存等,尤以商周遗存更为丰富,大宗陶器有夹细砂灰陶、褐陶,唯有罐、盆等器型,也有少量动物骨骼、石器、青铜饰件等。新石器时代遗存出土的器物相对较少,且分布地带狭小,主要以夹粗砂的黑皮陶为重,纹饰以粗绳纹为主,彼时唯有以罐为主的可辨器型。

相关武隆地区文化遗址研究表明:蜀文化沿长江东进,至涪陵地区与巴文化相互融合,并顺乌江流域向南辐射,比如炮弹状尖底杯等蜀文化风格器物在盐店嘴遗址大量出现。同时还发现,盛极一时的蜀文化不断向周围扩展,如重庆武隆土坎遗址出土有柳叶剑、巴蜀印章等典型器物,暗示巴文化已随乌江水系南下。

三、彭水地区

早在春秋战国时期,位居乌江下游渝东南武陵山区的彭水苗族土家族自治县已经产生了著名的巴蜀古老文化——黔中文化。彭水地区因有乌江、郁江舟楫之便,以及丹砂、盐业商贸之利,属上古民之国地。彭水地区自商代至春秋时期均属巴,战国时期则属楚黔中(郡),其已发掘的先秦遗址主要包括龙蛇坝遗址、河沙坝遗址、漆树湾遗址及徐家坝遗址等。

（一）龙蛇坝遗址

地处芙蓉江与东瓜溪交汇处的龙蛇坝遗址，已发掘文化堆积包括商周、宋元、清等多个时代，相关出土文物包括石、陶、铁、铜、瓷等。其中，商周遗存以夹砂陶器为主，表面主要为网格等纹饰，并伴有大量陶网坠出土，凸显出渔业经济文化特质。

（二）河沙坝遗址

位于彭水县汉葭镇、乌江左岸的河沙坝遗址，仅存临江部分。相关已发掘文化堆积包括新石器时代、商周时期、战国时期及汉代等，出土文物包括大量早期陶片及网坠、石纺轮、石锛等。

（三）漆树湾遗址

位于彭水江南村的漆树湾遗址已发掘的文化堆积，自新石器时代一直绵延至汉代，出土文物包括刮削器、砍砸器、网坠、石锛、“五铣”铜钱、陶俑头及大量陶片。

（四）徐家坝遗址

彭水徐家坝遗址位居乌江南岸二级阶地，已发掘的文化堆积由商周一直绵延至唐、宋，并以商周为主题，包括大量陶片、石器及少量铜块。大量遗存的陶片，可清晰辨别的器物有船形杯、高柄豆、尖底杯、长颈罐、花边口沿罐、网坠、纺轮等。

相关彭水地区考古研究表明，徐家坝商周遗址中出土的船形杯在三峡地区较为常见，而在乌江流域之外从未发现过，说明在商周时代，重庆地区的文化因素正在随着乌江流域向南扩展。

四、酉阳地区

位于渝东南、长江上游及乌江流经县西境的酉阳，分别与重庆市秀山、黔江、彭水，以及湖南、湖北多个县相连，并与贵州隔江相望，是重庆市通往湘、鄂、黔等地的重要门户。春秋时期，为巴、楚交界之地。至秦时，隶属黔中郡。在酉阳地区已发现的众多历史文化遗址中，尤以清源遗址、邹家坝遗址为典型。清源遗址已发掘文化堆积可追溯至新石器晚期，直至唐宋时期。而邹家坝遗址文化堆积上至新石器晚期，下至明清时期。

(一)清源遗址

清源遗址与邹家坝遗址相距约300米,已发掘总面积达40 000平方米,位于乌江一、二级台地。其中,已发掘商周时期遗址密集分布于酉阳县清泉乡中心小学西侧台地上。

清源遗址出土的遗物主要有陶器、石器、骨器三大类。陶器主要有砂陶和泥质陶,其中砂陶占多数,包括各类灰陶、褐陶,以及少量红陶、黑皮陶等,尤以夹粗砂为大宗。相关纹饰包括波浪纹、刻划纹、戳刺纹、菱格纹、箍带纹、勒绳纹、凹弦纹、方格纹等(见图1-2-19)。其中,以交错绳纹、细绳纹、粗绳纹等绳纹类型为最多样。出土器物大多包含两种纹饰,如常见的绳纹与箍带纹组合。各类陶器多为平底器,偶见圆底器,主要有大口深腹罐、斜腹罐、筒形罐、盘口罐、喇叭口罐、折腹钵等。清源遗址出土的新石器时代陶器如图1-2-20所示。

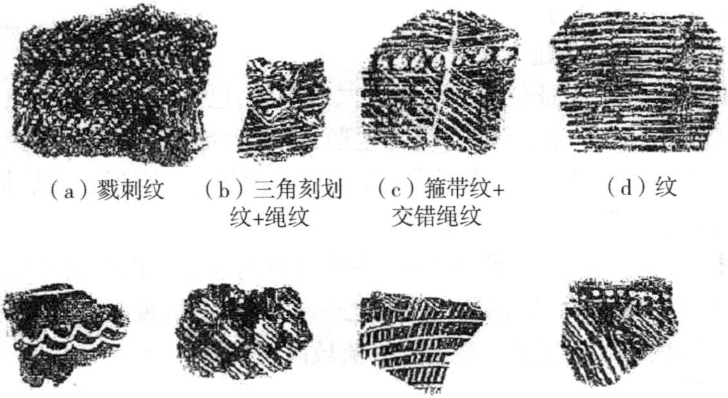

(a)戳刺纹　(b)三角刻划纹+绳纹　(c)箍带纹+交错绳纹　(d)纹

(e)波浪纹　(f)戳刺纹　(g)波浪纹+弦断绳纹　(h)戳刺纹+绳纹

图1-2-19　清源遗址新石器时代陶器纹饰拓片

(二)邹家坝遗址

与清源遗址隔河遥望,西面毗邻乌江,居于重庆市酉阳县清泉乡清源村和秀水村交界处的邹家坝遗址,已出土文物主要系新石器时代和商周时期遗存。其中,陶器种类较多,材质以褐色系夹细砂者较多,器底形制丰富,尤以深腹罐类占比居多,装饰常用较细的划纹和交错绳纹

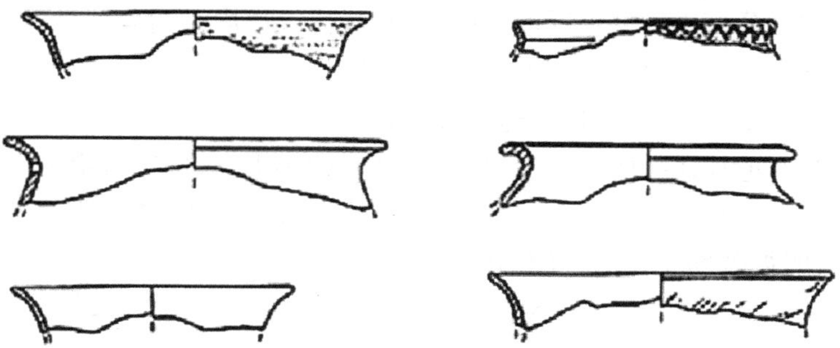

图 1-2-20　清源遗址出土的新石器时代陶器

（见图 1-2-21），并有大量细石器遗存。新石器时代遗存反映出三峡史前文化已分布到乌江下游地区，可能进入贵州境内。

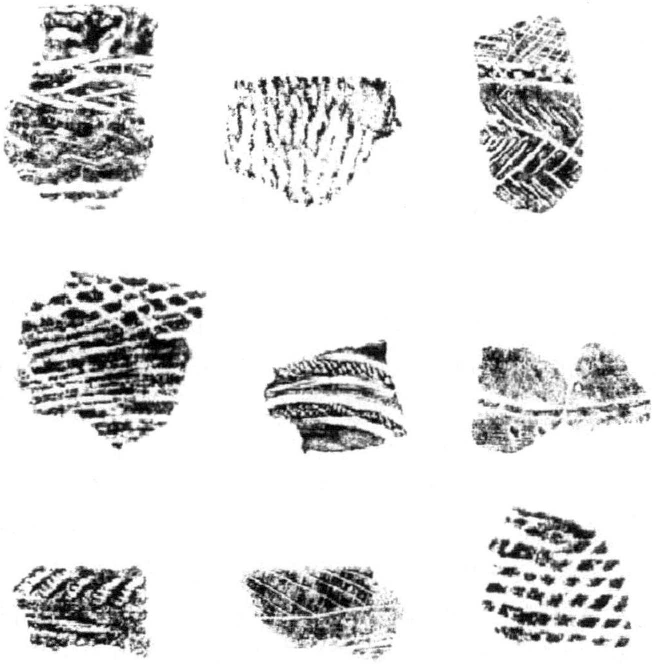

图 1-2-21　邹家坝新石器时代文化层出土的陶器纹饰拓片

广泛分布于三峡地区的尖底器、圆底器等商周时期典型遗存，虽然与成都十二桥文化十分相似，但也存在明显的差异，直到丰都石地坝遗址被发掘出土，考古界遂将这类文化以“石地坝文化”命名。相关清源遗址与石地坝遗址的商周遗存基本相同，如小平底罐、敛口罐和炮弹型尖底杯等（见图1-2-22），但也明显地有相关出土文物属成都十二桥文化，表明彼时蜀文化南下较为明显。

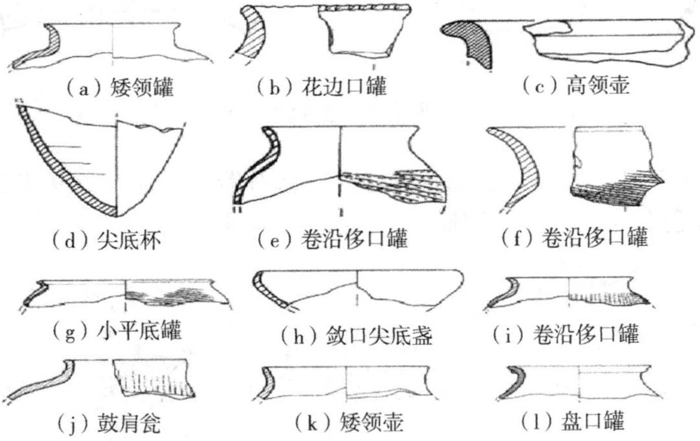

图1-2-22　邹家坝遗址商周时期的陶器

乌江流域重庆段涪陵、武隆、彭水、酉阳四个地区的考古发掘研究，特别是新石器时代至商周时期相关考古发掘表明：巴渝地区乌江流域相关新石器文化堆积与峡江地区新石器发掘的文化堆积十分相似，具有统一文化特质。可以推断：彼时，峡江地区新石器的文化沿乌江而上并逐渐辐射，以及巴蜀文化伴随乌江流域南下的历史印迹。涪陵地区处在长江与乌江交汇处，以陶器为典型的相关出土文物的文化特质与成都十二桥文化特质相似，如圆底器、炮弹型尖底器等，这些具有典型文化特质的器物，又分别在渝东南与贵州接壤的酉阳邹家坝、清源等相关遗址中重复出现。此外，涪陵作为巴文化中心区域，其典型的小田溪墓葬考古发掘中有大量巴文化遗存，彭水地区也发现相关具有巴蜀纹饰的铜兵器。上述地区商周文化遗存带有明显的成都地区蜀文化印记，特别是陶器类，如酉阳邹家坝考古发掘的尖底器等。

大量考古研究表明，在新石器时代乌江已经形成了渝黔民族文化融合交流的重要通道。峡江地区新石器时代的土著与商周时期巴人、蜀人分别沿乌江而上，进入贵州地区，并产生重要文化影响。分布在黔东北、渝东南地区的新石器时代、商周时期等遗址，分别展现出从成都地区、峡江地区不断迁徙到这一地区的文化遗存，之后经过不断的文化融合形成了当地独特的文化特质。

第四节　巴人推动流域发展

所谓巴人，在古代最早记载中，并非一族一国，而有清江之巴与汉江之巴一说，并认为清江之巴即髳人，汉江之巴即彭人。更有学者将巴分为夔巫之巴与汉江之巴，认为以龙蛇为图腾的汉江之巴即太昊之巴，而以白虎为图腾的巴人巴族则为夔巫之巴即廪君之巴。其他记载亦有将巴分为三类——白虎、鱼鳖、龙蛇，其中，龙蛇之“巴”涵盖洞庭、汉水之巴，鱼鳖之“巴”包括鳖灵、鱼凫等巴人。据后人考证，这三类巴人部族都曾经向西迁徙，除未抵达川东进入乌江流域的龙蛇之“巴”外，白虎、鳖灵、鱼凫等巴人部族均分别向西迁徙经川东进入乌江流域，为流域文明发展做出卓越贡献。

一、建立政权

彼时，白虎巴人向西迁徙，地处乌江口的涪陵即成为第一个立足之地和最早的政治中心，巴人部族在涪陵及涪陵以南的广大地区，包括湘西北沅江流域等，都被称为巴，之后不断向东、西辐射，创立了巴王国。如果说当地许多关于巴人的民间传说和故事，从一个侧面反映了巴人在涪陵及乌江流域的活动轨迹。而涪陵地区小田溪巴王墓群所发掘的相关精美文化遗存更清晰地表明：巴人在涪陵地区及乌江流域创造了辉煌灿烂的巴文化，也同时印证了《华阳国志·巴志》的相关记载。

上述白虎巴人在涪陵建国后，继续向东、西辐射，势力至东面的丰都，立巴国别都，势力向西盘踞江州（今重庆）后，因其独具山水资源、交通便利、易守难攻等优势，即正式定都江州。之后，白虎一支激流勇进，不断扩展疆域至贵州东北部、湘西北、川南、渝东及陕西汉中广大地区，《华阳国志·巴志》载：“东至鱼复（重庆奉节），西至僰道（四川宜宾），北接汉中（陕西南郑），南及黔涪（乌江流域）。”伴随白虎巴人西迁的脚步，鳖灵巴人一支亦向西迁徙，并以今遵义为政治中心创立了名为“鳖”的国家，其势力范围包括重庆綦江流域，以及今遵义大部分地区。有《水经注·江水》载曰：“荆人鳖令死，其尸随水上，荆人求之不得。令至汶山下，复生，起见望帝……望帝立以为相。时巫山峡而蜀水不流，帝使令凿巫峡通水，蜀得陆处。望帝自以为德不若，遂以国禅，号曰‘开明’。”之后，鳖灵巴人一支继续向北挺进，最终推翻杜宇王朝，创立了蜀开明王朝。

二、开发经济

巴人进入乌江流域后，不仅有效建立政权机构，而且充分利用乌江流域极为富饶的水利、矿产、植物、动物、土地资源，进行加工、利用、改造，揭开了乌江流域文明的新篇章。

（一）农业发展

廪君巴人一支定居夷城（今恩施）后，以鱼盐、商贸为生，并迅速发展农业。在不断向西辐射的进程中，利用民族融合吸纳更先进的农耕经验，据《华阳国志·蜀志》所载：“后有王曰杜宇，教民务农……巴亦化其教而力务农。”又有巴人鳖灵一支善治水，有力地促进当地农业发展，使乌江流域的巴人能够以农、牧、渔业为生，并迅速发展。《华阳国志·巴志》有载：“川崖惟平，其稼多黍。旨酒嘉谷，可以养父。野惟阜丘，彼稷多有。嘉谷旨酒，可以养母。”正是书写彼时巴地农事活动的古老赞歌。

（二）盐业发展

历史上，巴人所居之地盐业资源富饶，最著名的有巫溪县的宝源山、彭水县的郁山镇、长宁县的安宁井、万县的长滩井、开县的温汤井、云阳县的云安井、奉节县长江南侧的白盐碛，以及忠县的甘井、涂井等九处盐泉。盐业的兴盛与巴人密不可分，有专家提出巴人的食盐立国论。食盐以巴人命名——盐巴，使巴与盐并称，在文字记载和民俗中也隐约映射了巴人对巴渝之地的盐业发展贡献。

乌江流域流传至今的巴人与盐的古老故事，如乌江小溪“天桥卧波”的盐巴石传说：2 000 多年前，秦国讨伐巴国，巴人奋起反抗，时至粮盐供应不足，都城（今涪陵）告急，忽一夜，电闪雷鸣，突降盐巴石，巴人军队顿时军威大壮。

（三）丹砂业发展

《神农本草经》将丹砂列为古代医学宝典中的上品之药，有益气明目，镇心养神，止烦闷，通血脉，除中恶、毒气、腹痛、疥瘘诸疮等功效。丹砂的最早开发，有文字记载主要是乌江流域的巴人所为。《华阳国志·巴志》记录了巴地特产“丹”，巫山的大丹山、黔江古代曾设的丹兴县，均以生产“丹”而得名。运输丹砂的水路，从彭水郁江—乌江—涪陵—长江的一路水道被称为“丹涪水”。《逸周书·王会篇》载曰“卜人（即濮人）以丹砂入贡”，彼时巴人所产丹砂已远达中原。《史记·货殖列传》有云“巴寡妇清，其先得丹穴，而擅其利数世，家亦不訾。清，寡妇也，能守其业，用财自卫，不见侵犯，秦皇帝以为贞妇而客之，为筑女怀清台。”都说明巴人对我国古代炼丹和医药业的发展起到了巨大推动作用。《史记》关于巴寡妇清的记载如图 1-2-23所示。

（四）交通运输业发展

乌江水系支流众多，为巴人发展交通运输提供了无限可能。巴人自廪君时代，已熟练掌握舟楫之术，盘桓于芙蓉江、阿蓬江、郁江、长溪河等。彼时，巴人在乌江水系水道创立盐巴、丹砂、盐腌土特产品等产业的运输通道，日后成为重要的战略通道，并以“丹涪水”闻名。迄今为止，涪陵地区依然保有乌江流域客、货两运的最大集散地地位，大量土特产自乌江流域经涪陵北上、南下，向全国各地输送。

巴人迁徙一路山水相连，使巴人在开辟水陆交通的过程中，独创了无数巴人栈道。如至今遗存的涪陵市南 12 千米乌江三峡西岸，著名的“小溪”之地，溪东岸有翼王渡（今磨溪）遗存。太平天国翼王石达开于 1862 年 4 月 1 日，率众部十余万受阻于乌江东岸，连营百余里。翼王背水一战，沿古巴人栈道，直达望州关，侧面证明巴人栈道直到明清时期仍然具有重要地位，也映射了巴人为乌江流域交通运输业书写的不

图 1-2-23 《史记》关于巴寡妇清的记载

朽史诗。

三、文化融合

濮人和夜郎人在巴人进入乌江流域之前，已经创造了灿烂的夜郎文化，并成为乌江本土文化发展的根魂。至巴人入乌江流域后，巴人与当地土著共建、共享、共同开发，使乌江流域摆脱封闭、蛮荒的状态。彼时，乌江文化具有了更多的巴文化特征和色彩，在今乌江流域遗存中可见一斑。如涪陵小田溪 3 座川东巴国贵族墓葬出土的精美文物，彭水县、酉阳县出土的编钟，黔江县出土的虎钮錞等，尽显乌江巴文化特殊地位和独到优势。

巴人对乌江文化的深刻影响，流传至今。例如，对土家族文化的影响，特别突出的表现为继承巴人图腾信仰，且“重巫信鬼”，巫文化发达。延续至今的白虎崇拜、尚武精神等，仍深刻地影响着土家族民俗民风。在傩坛祭祀、戏剧及后来的民间摆手舞中，均有明显的巴文化烙印。但同时，在乌江巴文化中又保有大量土著文化元素。比如悬棺葬

(崖葬)等,最初源于濮人,后为巴人所继承。

参考文献

[1]重庆文化遗产保护中心,重庆市文物考古所. 重庆考古60年[J]. 四川文物,2009(6):35-42.

[2]施劲松. 十二桥遗址与十二桥文化[J]. 考古,2015(2):79-91.

[3]赵殿增. 三星堆考古发现与巴蜀史研究[J]. 四川文物,1992(1):3-12.

[4]江章华. 关于哨棚嘴文化的几个问题[J]. 四川文物,2010(2):31-45.

[5]王海阔,徐静,白九江,等. 重庆市丰都县玉溪坪遗址2002年度发掘简报[J]. 南方民族考古,2015:247-322,355-361.

[6]于孟洲. 重庆峡江地区中坝文化研究[J]. 考古与文物,2010(3):22-31.

[7]李映福,陈芳. 从清源遗址看乌江流域商周时期的考古学文化[J]. 考古,2010(5):79-91,109.

[8]吴小红,李水城,付罗文,等. 重庆忠县中坝遗址的碳十四年代[J]. 考古,2007(7):80-91.

[9]袁进京. 重庆市涪陵区石沱遗址1998年度发掘报告[J]. 北京文物与考古,2002:14-36.

[10]董雍斌. 镇安县新石器时代遗址的调查[J]. 史前研究,1985(4):65-66,70.

[11]罗文锋. 乌江流域重庆段先秦考古发现与研究[D]. 重庆:重庆师范大学,2016.

[12]熊正贤. 乌江流域民族文化资源开发与文化产业发展研究[D]. 成都:西南民族大学,2013.

[13]胡伟,吕玉香,周军,等. 重庆市渝东南岩溶地区缺水现状及其对策分析[J]. 科学技术与工程,2012,12(15):3788-3791.

[14]赵炜. 乌江流域人居环境建设研究[D]. 重庆:重庆大学,2005.

[15]国务院三峡工程建设委员会办公室,国家文物局. 重庆库区考古报告集(1998卷)[R]. 科学出版社,2006.

[16]张才俊. 四川涪陵小田溪四座战国墓[J]. 考古,1985(1):3-9.

[17]重庆市文物考古所. 酉阳清源[M]. 北京:科学出版社,2009:18-209.

[18]重庆市文物考古所. 酉阳邹家坝[M]. 北京:科学出版社,2012:35-217.

[19]曾超. 试论巴人对乌江流域的开发[J]. 涪陵师范学院学报,2004(1):43-48.

[20]朱晓丝,周国富,钟九生．乌江流域水域面积变化的气候效应[J]. 水力发电,2020,46(8):10-13,98.

[21]张聪通．乌江梯级水库调度弃水风险分析及弃水控制方法研究[D]. 大连:大连理工大学,2019.

[22]段渝．先秦巴文化与巴楚文化的形成[J]. 华中师范大学学报(人文社会科学版),2004(6):12-19.

[23]姜世碧．长江上游文明的起源、形成与发展——兼论成都平原先秦文化的发现及意义[J]. 农业考古,2003(1):68-75.

第三章　嘉陵江水系

长江各支流中流域面积居首的嘉陵江，全长 1 345 千米，它自北向南的流域面积达约 16 万平方千米。嘉陵江流经青藏高原—黄土高原—秦岭—大巴山，干、支流穿越四川盆地北部和整个东部地区，包括涪江、渠江和嘉陵江干流三大水系，在重庆合川汇合，自重庆朝天门码头汇入长江。嘉陵江古称渝水、阆水，是先秦时期巴人部族的主要聚居地，也是蜀文化、楚文化与中原文化相互交融的民族走廊。

第一节　流域最广的支流

嘉陵江发端与流经：秦岭（南麓）—陕西—甘肃—四川—重庆三省一市，行政区界总面积达 122.82 万平方千米，人口约 18 392 万人以上。长江流域中的嘉陵江流域如图 1-3-1 所示。

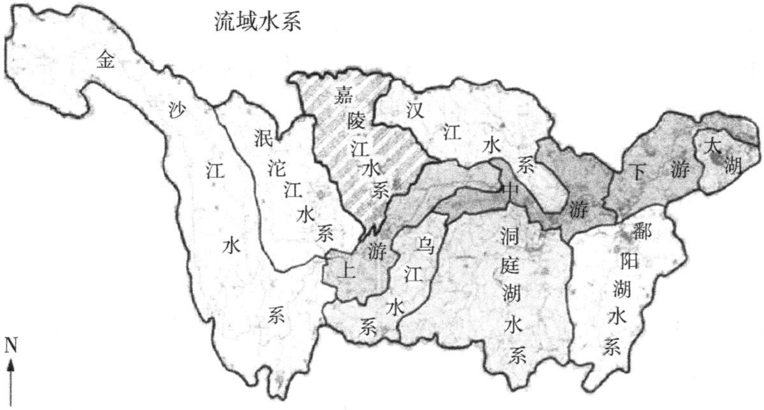

图 1-3-1　长江流域中的嘉陵江流域示意图

（资料来源：《嘉陵江流域人居环境建设研究》周学红）

具有典型扇形向心结构的嘉陵江流域,地势以西、北、东三面较高,逐渐向东南降低,并趋于平缓。在现有考证嘉陵江干流的主要源头中,西源的白龙江发端于四川松潘高原的郎木寺,峡谷幽深,山体宏大,河谷平原狭小,占总面积仅百分之一,但却蕴藏着丰富的新石器时代遗址。而东源的西汉水和东峪河,分别发端于甘肃天水齐寿山、陕西凤县代王山。2011 年 10 月,长江水利委员会确认东源陕西省凤县秦岭代王山为正源。自陕西省略阳县两河口以下始称嘉陵江。

对于嘉陵江的命名,一直有两种说法:一是认为因嘉陵江流经陕西凤县嘉陵谷而得名;二是认为源于《水经注》所载:"汉水南入嘉陵道而为嘉陵水。"嘉陵江跨越三省一市,干流流域面积达 3. 92 万平方千米,于重庆朝天门码头汇入长江。其主要支流:涪江、渠江、白龙江、西汉水、八渡河等水资源丰沛。在长江各支流中,嘉陵江流域面积最大,流量仅次于岷江。

一、四川段

嘉陵江干流自陕西凤县东峪河向南与甘肃西汉水汇合,流经略阳县、阳平关注入四川。在四川广元昭化承接白龙江,至阆中承接东河,至南部县、蓬安县承接西河,至重庆市合川,有涪江、渠江分别在两岸汇入,再至重庆朝天门码头汇入长江,在省境内河长达 796 千米。

嘉陵江在四川南充市自北由双女石入市区,流经舞凤乡—城市区—新建乡—火花乡—文峰乡—鹞子岩,进入南充境内,分别接纳主要支流:荆溪—螺溪—西河—泥溪—清水溪等。整体河道曲折多变,江心洲较多,河道纵横交错,但河流相对稳定。

嘉陵江在原南充县境,由蓬安县流入,途径 18 个乡(镇):渔溪—江陵—凤山—搬罾—龙门—小龙—荆溪—高坪—永安—曲水—青居—河西—溪头—羊口—新场—李渡—土门—临江等。河道常有大型磐石梗阻,河流九曲回肠,民间传说"青居女儿嫁曲水,来去都坐下水船"。嘉陵江在四川广安市岳池县,由石鼓乡入境,途径镇裕镇—嘉陵乡—坪滩镇,由此出四川。

二、重庆段

嘉陵江在重庆市境内，古称“渝水”，后重庆又被简称为“渝”。嘉陵江流经合川，承接涪江、渠江，至北碚承接后河、黑水滩河，至渝北区—江北区—渝中区—朝天门，汇入长江。嘉陵江在重庆北碚区横流而过，自西向东包括明家溪、马鞍溪、龙凤溪、黑水滩河、璧北河等支流。嘉陵江在重庆渝北区边境流过，承接后河。嘉陵江在重庆江北区，自石马河梁沱入境，境内主要支流包括明家溪、马鞍溪、龙凤溪、璧北河、后河、黑水滩河、涪江、渠江等。

第二节　多民族文化一衣带水

嘉陵江地处巴蜀、荆楚、羌藏、秦陇等文化地带交界处，自唐代已有“地理兼南北，语音杂秦蜀”一说，是多民族文化交融的一衣带水民族走廊。相关自然地理资源、历史文化积淀独具多样性，并由于其天然的水上航道衔接川、渝、陕、甘等地域，使嘉陵江发挥着重要的经济发展和文化交流的廊道作用，并一直保有重要文化分布及重要经济地带位置。特别是嘉陵江流域在地理区位上串联起长江经济带和“一带一路”两大国家战略，担负着在两大战略中间地带构建经济走廊、民族走廊的历史任务。

一、历史文化

春秋至秦汉时期，嘉陵江中下游地区正属于巴人活动范围。有《华阳国志·巴志》关于“巴”的详细记载：“其地至鱼复，西至僰道，北接汉中，南极黔涪。”其中，今重庆奉节即“鱼复”，今四川宜宾即“僰道”，今陕南汉中盆地即“汉中”，今彭水、酉阳一带即“黔涪”。包括渠江在内的嘉陵江流域，在重庆以北地区，虽已分属于重庆、四川两个行政区域，但从文化堆积上看，其文化特质自旧石器时代始，就十分统一，且在巴人统治期间，也呈现同质性。至秦灭巴，秦置巴郡。彼时，流域还包含有垫江县（今重庆合川）、宕渠县（今四川渠县）、阆中县等行政区域。巴郡郡治自四川南充阆中，向垫江迁徙，后定都江州（今重庆渝中区解放东路）。《华阳国志·巴志》载曰，“武王既克殷，以其宗姬封于巴，爵之以子”“巴子时虽都江州，或治垫江，或治平都，后治阆中”。嘉陵江中下游地区主要先秦遗址分布如图1-3-2所示。

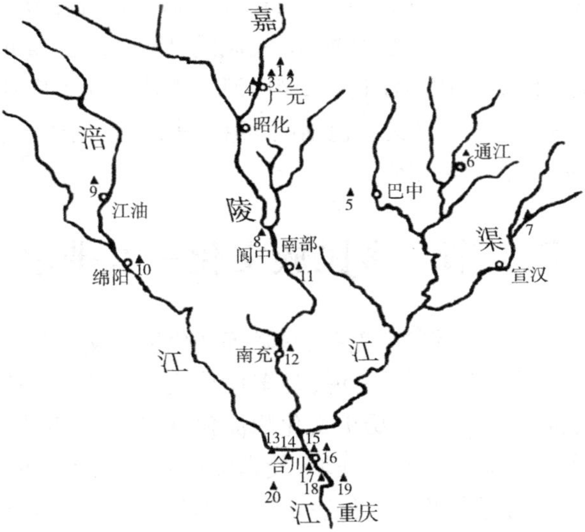

1—中子铺遗址；2—邓家坪遗址；3—鲁家坟遗址；4—张家坡遗址；5—月亮岩遗址；6—擂鼓寨遗址；7—罗家坝遗址；8—蓝家坝遗址；9—大水洞遗址；10—边堆山遗址；11—报本寺遗址；12—淄佛寺遗址；13—河嘴屋基遗址；14—猴清庙遗址；15—菜蔬排遗址；16—牛黄坝遗址；17—老菜园遗址；18—大土遗址；19—庙嘴墓地；20—铜梁旧石器遗址

图1-3-2　嘉陵江中下游地区主要先秦遗址分布示意

（一）古城遗址

嘉陵江沿江一线至今仍保存着合川钓鱼城、阆中古城、剑阁古城、昭化古城等著名历史遗迹，各民族在此期间发生发展的历史风云变幻，坠落在古城的屋檐与石阶上。当我们进入这些历史遗存的恢弘圣地时，依然能清晰触摸不同民族宗教、经济贸易、政治文化发展给地区带来的文化交融与社会昌盛，并被传承千年的历史画卷深深吸引。

（二）蜀道文化

自公元前316年的战国时期至近现代，蜀道穿越东亚大陆千山万水，连通四川盆地与中国其他地区的交通运输，见证了中国2 000多年的历史——在嘉陵江流域发生发展并不断交流融合的政治、经济、社会、军事与宗教文化等。

在蜀道交通运输中，主要包括四个向外通道，即通往关中地区、滇黔地区、藏区、三峡大片地区。其中，嘉陵江流域主要担负广元段阴平道、金牛道及米仓水道大部分地区的水上商贸运输。由此，在嘉陵江沿线遗存了各类如城市设计、人文景观、礼仪性建筑等文化交融成果。米仓水道与金牛道作为蜀道的重要代表，迄今仍留存着隋唐时期的石刻、寺庙等珍贵遗迹。由此可以考证，中原与蜀地在艺术与宗教之间的频繁交融。同时，从蜀道的古代遗迹及其群落，可以印证以嘉陵江为主线沿江城市的繁荣发达。

（三）蚕丝文化

嘉陵江流域自古乃栽桑养蚕之地，具有2 000多年的养蚕历史，据《尚书·禹贡》中记载，虞夏之时，巴蜀一带并无蚕丝，只有璆、铁、银、镂、砮、磬、熊、罴、狐、狸、织皮等贡品。至周代，蚕丝成为纳贡之物，至今保留了丰厚而独特的古代蚕桑文化积淀。位居西南蚕丝古道的嘉陵江流域蚕区，数千年来亦一直保有丝绸重镇的历史地位。

所谓“西南丝绸之路”在汉代之前就存在，这是沟通西南与外界的重要通道。嘉陵江流域是西南“丝绸之路”延伸于周边的重要区域，也是货物运输的黄金水道。虽然巴蜀一带气候湿润，所能留下的远古文物相对于干燥的北方而言，已经非常稀少。但今天的嘉陵江流域丰富的蚕丝文化遗存，足以能证明巴蜀一带在春秋战国时期，蚕桑活动已较为兴盛。而宴乐射猎采桑纹铜壶、蚕纹铜戈、东汉墓画像砖上的“纺织、酿酒图”，以及广元蚕桑“十二事图碑”、盐亭嫘祖传说、阆中古城蚕丝一条街（见图1-3-3）等，都是巴蜀蚕丝文化的历史物证。

古城阆中曾作为巴国的首都，居嘉陵江中游，拥“一江四河”，包括横贯南北的“一江”——嘉陵江，以及白溪濠河、构溪河、东河、西河“四河”分别自东西两侧汇入嘉陵江。公元前314年，秦惠王置巴郡，同时

图 1-3-3　阆中古城丝绸一条街

置阆中县，治城即巴子国别都故地。据《华阳国志·巴志》记载，巴子国盛产桑蚕、麻、鱼、盐。阆中为巴国故都，自然也产蚕桑。明代《明实录》中有“当年山西潞安州织进贡绸缎，要采用阆丝”。明代著名学者郭子章曾对浙江和四川蚕桑丝绸做了全面考察，挥笔写下“经过浙江到四川，所见湖州和阆中蚕桑最盛”。至明、清，阆中一度作为四川临时省会延续 10 余年之久。由于阆中在嘉陵江流域的独特地理位置，虽历经多个朝代历史变迁，仍保有四川北部政治、经济、军事、文化中心，经济繁盛，文化淳厚，百姓安居乐业。晚清光绪三十八年，阆中就创办蚕桑速成学校，至民国初年更名为初等农业学校，附设蚕桑传习所，培养专门的蚕桑养殖技术人才，随后发展成为实业所、实业局、建设科等。民国二十七年，阆中蚕种制造厂成立。中华人民共和国成立后，阆中被誉为亚洲最大的蚕种基地。

据《南充蚕丝志》记载：嘉陵江中游的南充，居于四川盆地行政区域东北。此地在周代时已属巴国，至秦代属巴郡，至唐代分别设果州（南充因盛产柑桔等水果古称果州）、蓬州、阆州，至宋代建顺庆府、保宁府，民国时期设行政督查区，1950 年设川北行署和南充专署。南充属亚热带季风气候区，多丘陵，不仅水系丰富，且光、热资源充足，土壤肥沃，独具发展蚕丝产业的优厚自然条件，自古具有蚕丝生产、加工的技术力量与特色。迄今仍然保有中国四大蚕桑生产基地地位，并作为重要的丝绸出口原产地，在国际上一直享有盛誉。南充南部的蚕桑基地，自周代起，此地就以蚕丝、麻经作为贡品。秦汉时期，蚕丝业已成南充地区的主要产业。至南北朝、隋代时期颁布实施均田制，政府除按规定划拨人头田地外，还会按人头划拨单独的桑田，稳定发展蚕桑生产。唐宋六百多年间，嘉陵江流域的间州（或称简州，今四川简阳）、果州丝绸发展到鼎盛，至唐开元中，间州的绢、绫，果州的绸、绫、绵、绢、丝等被定为朝廷贡品，故南充亦被称为“千年绸都”。

（四）其他文化

多民族、多文化交融的嘉陵江流域民族走廊，在相互包容的文化融合与积淀中，多民族文化共存，形成了以嘉陵江流域土著文明为特色的多民族共生的文化生态环境，至唐代已经“语音杂秦蜀”，凸显多民族和谐聚居风貌。

二、社会政治

由于嘉陵江流域自古已形成重要的人类聚居地，至今仍能从历史遗迹中清晰可见这里曾拥有文化迥异、数量众多、体量大小完全不同的各种原始聚落群。在历史的发展和演变中，逐渐成长为城镇，甚至由于水系、地缘、亲缘关系，创立了国家。其中，最有影响力的莫过于巴国与蜀国。由于相对封闭，分别形成了独立的小型国家。之后，又因为政治强大的中原国家为掠夺资源，将嘉陵江流域收归中央集权管理，成为国家的统一属地，即后来的巴郡、蜀郡，流域社会经济获得更大发展。

自秦代，秦始皇统一中国，巴蜀之地的国家被秦国张仪、司马错灭国。同时，秦始皇逐步在各地建属地城池，以巩固中央集权地位。嘉陵江流域伴随蜀道的进一步发展与应用，以及航运技术的提升，逐渐兴建了一大批航运枢纽城市，如至今仍屹立嘉陵江边的，气势恢宏的古镇遗址、礼仪性建筑等。至两汉，嘉陵江流域因水路交通使城市进一步发展。至三国，流域城镇结构逐渐完善，沿嘉陵江上、中、下游新兴城市星罗棋布。至隋唐,嘉陵江沿岸城市中央集权更加凸显。在城市建设的遗迹中可见一斑,且流域城市的军事地位也日渐上升。沿江地区拥有的大量森林、矿产等资源,都不断使嘉陵江沿岸城市更加兴盛。唐代,嘉陵江流域城市经济发达,农业、手工业、工矿业等发展迅猛。彼时,我国成为世界上最开放发达的国家之一,中外交流达到前所未有的盛况。各种文化、思想交锋交流,也促使丝绸之路在嘉陵江流域留下历史的浓墨重彩。至宋代,嘉陵江流域经济活动产生了质的飞跃,一举成为西部地区的经济中心区。但由于技术和气候地理条件限制,流域的农业发展极不平衡,低丘和西部偏远地带因良好的气候地理条件,成为农业生产最发达地区,促进了流域手工业突飞猛进的发展,并沿河流远销中原。

宋以后至明清,嘉陵江流域城市建设更加兴盛,并逐渐承接大量移民,同时由于战事频发,沿长江、嘉陵江的军事防御建设大大加强,在历史上形成了以重庆为中心的山地城池防御体系(见图 1-3-4),如沿江合川钓鱼城、奉节白帝城、万州天生城、梁平赤牛城等。

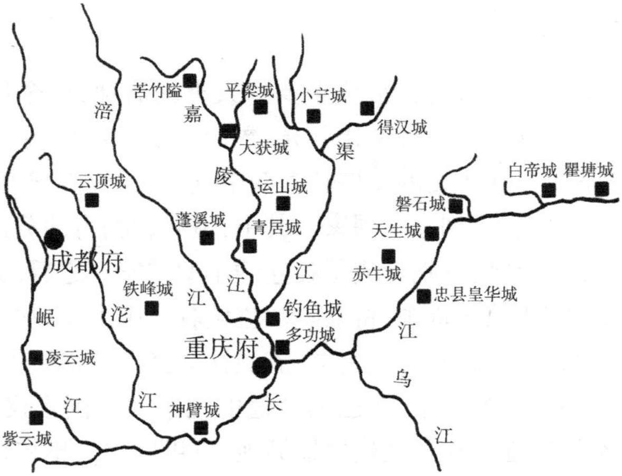

图 1-3-4　沿江城池防御体系示意图

(资料来源:谢璇《初探南宋后期以重庆为中心的山地城池防御体系》)

清代，手工业、商贸在嘉陵江流域更加繁荣，特别是制盐业在干流的阆中南部产区，涪江流域的射洪、蓬溪产区逐渐形成规模。其他资源行业也在历史时期获得飞速发展，城市经济迎来了又一个崭新的发展阶段。特别是历经康、雍、乾鼎盛时期，嘉陵江流域在中央政府经济发展战略及农业发展中都一直占据重要地位。

后由于战争和城市极度扩张，也对嘉陵江流域造成了重大的破坏与影响，加之政治地位下降等原因，其经济一度处于停滞状态。改革开放以来，嘉陵江流域依靠自身的资源优势和区域优势，政治地位伴随重庆直辖有所提高，特别是当前在地理区位上串联起“一带一路”和长江经济带两大国家战略，嘉陵江流域成为名副其实的黄金水道。

三、交通航运

嘉陵江水路交通便利，使该流域自古以来沿岸地区水陆交通运输发达。由于古代城市建设对水运的依赖，嘉陵江流域水上交通自唐代起，已开展大规模整治。至宋代，流域水陆交通频繁，水道由嘉陵江干、支流，经巴州入长江，连接江南富庶之地。但千年河道因河沙淤积，历史时期航运艰难，自宋代疏浚治理后，至明清水上航运再次兴盛。

宋元以后，商品经济发展突飞猛进，而长江、嘉陵江航道运输承载能力明显不足。自清代初，获得大规模整治，长江、嘉陵江航运再次居于东部地区、西南地区重要交通枢纽地位。嘉陵江干流因水上商贸活跃，开始设置救生船、巡逻哨、卫所等护航设施设备，码头的经济贸易功能日益强大。航道运量的提升促进了沿江经济贸易发展，快速带动沿江城镇的发展。嘉陵江航道作为古代四川对外交流的主动脉，成为彼时沿岸城市获得巨大经济效益并快速发展的重要通道。嘉陵江流域码头与城市关系如图 1-3-5 所示。

嘉陵江自北向南，水系丰富，河道相对稳定，清代前后已有完整的关于水运、渡口等相关府州县志记载。明清时期，武都、南充、阆中、合川、重庆等地城区的沿江码头发达，分别因水运优势地位而发展成为区域的核心城市。但是水陆并举的嘉陵江中下游，由于当代陆路交通迅猛发展，水上航运逐渐失去主导优势。

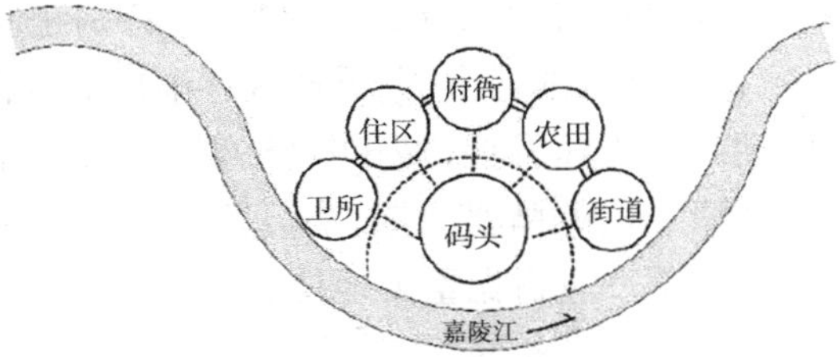

图 1-3-5　嘉陵江流域码头与城市关系（资料来源：王光伟）

第三节　巴国及其他典型遗存

夏代至春秋战国时期，依靠自身资源优势与发达的农业积累，伴随社会分级开始出现，嘉陵江流域城市也有了基本的限定和清晰的组成要素，并参照《周礼》与《管子》的建城思想修建了大量的古代城镇。这一时期，伴随自然气候演变及其农技推广，氐羌族等居于青藏高原甘青诸部游牧民族不断向南迁徙，途经岷江—涪江—白龙江—白水河等河谷，迁入四川盆地，促进了所到之处农业、畜牧业的发展。加之部落间文化交融，更促进了一系列文明古国的产生和文化创新。

一、苴国

距今 4 000 多年前，在今四川广元昭化古城内产生了中国西南地区重要的奴隶制国家——苴国。相关遗址考古表明，彼时国家的城市建设规模宏大且国力富庶。大约于公元前 1046—公元前 771 年的西周时期，巴、蜀、氐、苴氏族先民在白龙江、嘉陵江汇合的台地上，共同建立了以“苴”命名的奴隶制国家，其势力堪与彼时的巴国、蜀国抗衡。今四川广元为记录这一远古史实，市区内专设一条主干道取名为“苴国路”。春秋战国时期，广元成为蜀国领地，蜀王开明氏“别封其弟于汉中，号苴侯”，并置都邑于今广元昭化镇（古称葭萌）。之后，秦国为打通巴蜀南北交通，在沿江险崖上开凿蜀道。至今，四川广元境内，仍保有明月峡古栈道等著名遗址。

二、巴国

由于巴国属地变化频繁，且巴人善迁徙，关于巴人在夏以前的文字记载时有间断。有文字记载的巴人沿长江、嘉陵江不断迁徙征战，是一个善舟楫、善战斗的骁勇民族。但由于常年征战，影响经济发展，也迫使巴人及其巴国都城不断向西迁徙，相关记载表明，沿嘉陵江迁徙的巴国往返迁徙距离数百千米。虽然巴国历史遗存的城市建设偏向简陋且规模较小，但对环境的适应性很强，且由于具备较高的水上航位水平，有能力迅速实现人畜及其他生产资料的转移。同时，从相关遗存看，巴人迁徙路线相对稳定地围绕嘉陵江沿江流域展开，使巴国的迁徙仍稳定在嘉陵江相对适宜生活、生产的区域，特别是沿江凸显水运优势地区。相关遗存表明：巴国城市沿嘉陵江曾呈组团状、带状展开。巴国城市分布如图 1-3-6 所示。

图 1-3-6　巴国城市分布示意图

（资料来源：毛曦《先秦巴蜀城市史研究》）

三、武都

具有特殊军事意义的武都，位于嘉陵江上游、白龙江中游地带，当属嘉陵江流域特别是上游地区的重要城镇。该区域雨量丰沛，且河谷水网纵横，动植物资源丰富，适宜部族定居生活，在近现代考古发掘中，大量古城市遗存也充分证明了这一点，其中包括著名的仰韶、马家窑、齐家及寺洼等文化堆积，表明这里曾掩映着一个灿烂的武都古文化。

四、宕昌

郦道元在《水经注》中有载："羌水（今宕昌岷江）出自陇西羌道，东南流，迳宕昌城东。"宕昌地处嘉陵江上游，拥有得天独厚的暖温带湿润气候资源和丰富的水系资源，境内包括岷江、白龙江、良恭河等大小河流 78 条。早在 5 000 年前，宕昌已有人类繁衍生息。至夏代，宕昌为古西戎世代居住地。至商周，概为羌人族群居地。至战国，秦人设置羌道，宕昌属陇西郡。至东汉，改属武都郡。至西晋永嘉元年（公元 307 年），羌人始建宕昌国，至北周历时 259 年。相关考古发现，这里的文化堆积自旧石器时代至新石器时代绵延不断，拥有大量著名的典型文化符号，如仰韶文化、马家窑文化、齐家文化及寺洼文化等文化类型。宕昌是我国古代宕昌国、宕昌城、宕昌羌等国名、城名、民族名合二为一并保留至今的古老城镇之一。宕昌羊马古城遗址如图 1-3-7 所示。

图 1-3-7　宕昌羊马古城遗址（资料来源：宕昌县政府官网）

五、江州(重庆)

早期江州城曾以巴国首都而著名,至秦灭巴,江州地区进入封建社会,时间长达两千多年。彼时,秦国置巴郡郡治于江州,即今重庆江北区江北嘴至刘家台一带。至南朝,改江州为巴县,改巴郡为楚州。至隋开国,废巴郡改渝州。至唐,改南平郡。至宋,改渝州为恭州,后升为重庆府。

距今关于江州城的文字记载,有《华阳国志·巴志》云:"汉世,郡治江州巴水北,有甘橘官,今北府城是也。后乃还南城。"亦有为后人可考证的,如西汉学者、辞赋家扬雄《蜀都赋》所载"分川并注,合乎江州",以及北魏郦道元所著《水经注》载"巴水出晋昌郡宣汉县巴岭山,西南流,历巴中,径巴郡故城南,李严所筑大城北,西南入江"。至宋代,相关著作《太平寰宇记》亦载:"渝州巴县,本汉江州县地,属巴郡。按巴城在岷江之北,汉水之南,即蜀李严所修古巴城也。今州所理在巴城北,故仓城。汉水北有一城,时人谓之北府城,后汉巴郡所理。寻还今理。"至民国,有《巴县志》专著:"其治北府城者,适然之事,故不久也。"

江州地处长江、嘉陵江交汇处,秦时城市主要沿嘉陵江南北两侧的狭长地带呈带状布置,集中分布在朝天门区域和嘉陵江北岸,形成"北府""南城"的双城格局,即今天的渝中半岛和江北嘴的位置。彼时,江州城的城市发展已起步,规模小、结构简单,此地土地平整肥沃,不受洪泛困扰。它不仅承载巴郡对外水上交通和经济的枢纽作用,而且迅速发展成为重要的军事政治与经济文化并重的区域性中心城市。

至汉代,江州已水运兴盛、商贸发达,城市人口规模非一般江边城镇可比,据文献记载,其水上居民已达 500 余家。城市规模逐步沿嘉陵江、长江岸边的相国寺—江北嘴—望龙门—朝天门一带拓展。秦汉江州城址如图 1-3-8 所示。

至宋代,重庆成为辐射周边区域的运输集散中心,客栈车水马龙,码头鳞次栉比,形成了繁华的沿江商业带和类似于长安城的"六街三市"。南宋江州城如图 1-3-9 所示。

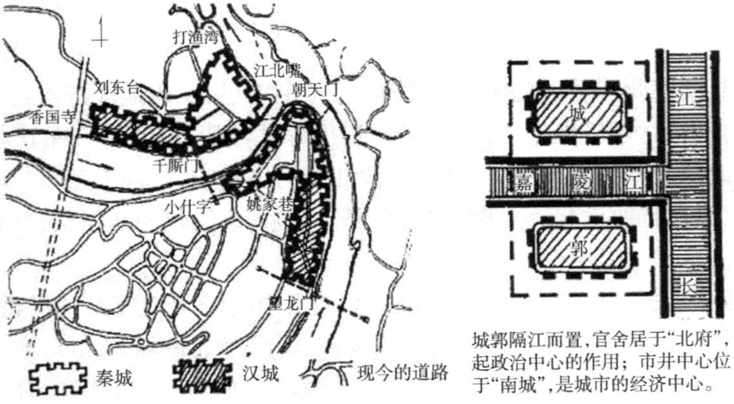

图 1-3-8 **秦汉江州城址示意图**（图中地名均为今名，资料来源：徐煜辉）

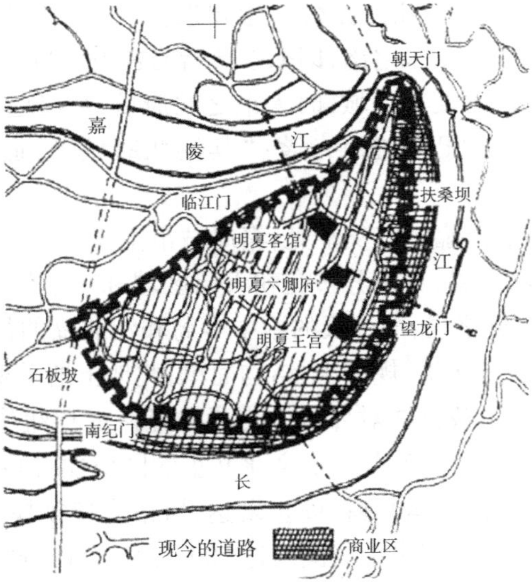

图 1-3-9 **南宋江州城**（资料来源：徐煜辉）

至南宋晚期，蒙古忽必烈入侵中原。蒙古大军由北向南沿嘉陵江夺取四川广元剑阁、南充阆中，直逼重庆三江汇流的合州城（今重庆合川区）。南宋朝廷为抵抗入侵的蒙古军，在合州及整个重庆加强城防，扩筑军事防御城市。重庆依靠水系资源及山地天然优势，将忽必烈军队阻于钓鱼城下长达36年。

至明清，发达的水系和水运资源给重庆城市带来了更加繁荣的水上商贸，城市建设也不断拓展至整个渝中半岛。彼时的渝中半岛南临长江，北接嘉陵江，边界与城墙轮廓重合，城市经济功能不断扩展。由于重庆特殊的地形条件和对码头的强烈需求，整个城市不得不在南岸、磁器口、江北等地沿码头逐渐形成新的城市聚落，初具组团形态（见图1-3-10）。由于经济发达、技术手段更加先进，城市逐渐形成上半城和下半城，上半城地势相对较高，环境优美，多为达官贵人或巨贾富商居住区域；下半城临江而建，码头、客栈、钱庄等林林总总、人头攒动，逐渐形成城市商业中心。加之置重庆镇署、巴县署、重庆府署、川东道署等，又形成特色凸显的政治中心。

图1-3-10　增广重庆地图（资料来源：重庆师范大学资源环境信息工程研究所）

参考文献

[1]余菀莹．嘉陵江中下游地区先秦考古学文化研究初探[D]．重庆：重庆师范大学，2018.

[2]王光伟．嘉陵江流域城市空间形态演变研究[D]．重庆：重庆大学，2017.

[3]周杰. 从考古学角度看巴文化与汉文化的融合[D]. 南京:南京大学,2016.
[4]舒莺. 重庆主城空间历史拓展演进研究[D]. 重庆:西南大学,2016.
[5]朱文翅. 嘉陵江文化与区域经济发展研究[J]. 资源与人居环境,2014(6):30-34.
[6]杨霄. 晚全新世嘉陵江流域环境变迁初步研究[D]. 重庆:西南大学,2014.
[7]周学红. 嘉陵江流域人居环境建设研究[D]. 重庆:重庆大学,2012.
[8]赵炳清,蒋晓春. 嘉陵江流域新石器时代遗址的地理考察[J]. 中华文化论坛,2009(1):119-124.
[9]陈卫东,周科华. 嘉陵江流域考古取得重要收获[N]. 中国文物报,2006-03-22(001).
[10]徐煜辉. 秦汉时期江州(重庆)城市形态研究[J]. 重庆建筑大学学报(社科版),2000(1):37-41.
[11]陶红. 蚕丝文化传承中教育功能分析[D]. 重庆:西南大学,2008:41-50.
[12]谢璇. 初探南宋后期以重庆为中心的山地城池防御体系[J]. 重庆建筑大学学报,2007(2):31-33,59.

第二篇

长江航运镌刻民族品格

“巴”最初是地域名称而不是族称，在相当长的时期内并无自称为“巴”的族群。作为地域名称的巴或巴地，其范围相当广阔。至商代，巴国已见称于世，主要活动于汉水中游一带。商代末年，助武王伐纣，战功显赫，受封于周王室，成为周初著名的“汉阳诸姬”之一。周秦时期，以重庆、川东、鄂西为中心，北起陕南，南达黔中，东近汉水、湘江，西逾沱江，这一大片连续性的地域都被称为巴地。生活在这一地域上的不同族群都可以称为巴人。

公元前10—公元前9世纪，巴人出大巴山，占据汉中东部。至公元前7世纪，向江汉地区大巴山以东发展，曾与楚国结成军事政治同盟，吞并江汉一众小国。伴随巴人力量不断强大，巴楚反目为仇。巴人最终被迫放弃汉水中游，南下三峡及川东、鄂西南地区，重建政权。公元前5世纪，巴人南迁于长江三峡地区，随之向西进入重庆、川东地区，兼及鄂西、湘西等相邻地区，并在川东立国，以江州为都城。战国时期，七国称王，“巴”亦称王……巴国繁盛之时“东至鱼复，西至僰道，北接汉中，南极黔涪”，这是巴国进入重庆和四川地区200年来控制版图的总体性描述。

第四章　文化启蒙

距今 4 000 多年前，在今天的陕、黔、鄂、湘、川、渝等地已有远古先民繁衍生息，并不断迁徙。他们因水而生，借鱼盐之利闻名于先秦，自称巴人。大约 3 300 年前殷代中叶，一个强大的诸侯国——巴国在三峡地区崛起，历时千年左右，于公元前 316 年为秦国所灭。虽然在古籍记载中，关于巴国的详细史实鲜有所见，《左传》惟有少许，至晋代常璩著《华阳国志》方始谈多。随着巴人遗址考古发掘，自 20 世纪以来，特别是正式启动三峡考古工程后，巴人遗址不断沿长江及其支流嘉陵江、乌江水系被发掘出土。重庆、四川等行政区域均有类似巴人遗址出土，每一处遗址都带来惊喜的发现，古代巴人在长江流域创造了可与中原文明媲美的古老文明。公元前 12—公元前 4 世纪，巴国发展与迁徙如图 2-4-1 所示。

图 2-4-1　公元前 12—公元前 4 世纪，巴国发展与迁徙

（资料来源：《重庆市历史地图集 · 第二卷》）

历史时期,巴文化以重庆、川东地区为主,同时涉及鄂西南地区和汉水流域。以长江、嘉陵江汇合处为中心的重庆西部地区,在先秦时期虽非巴文化的起源地,但在此地巴文化与当地的土著相互融合,发展成为独具特色的巴渝地域文化。在漫长的发展长河中,巴文化的神话、宗教、巫术、盐业、医药及文学艺术等逐步成为巴渝地区历史文化构成中最重要的部分。巴国迁都路线如图2-4-2所示。

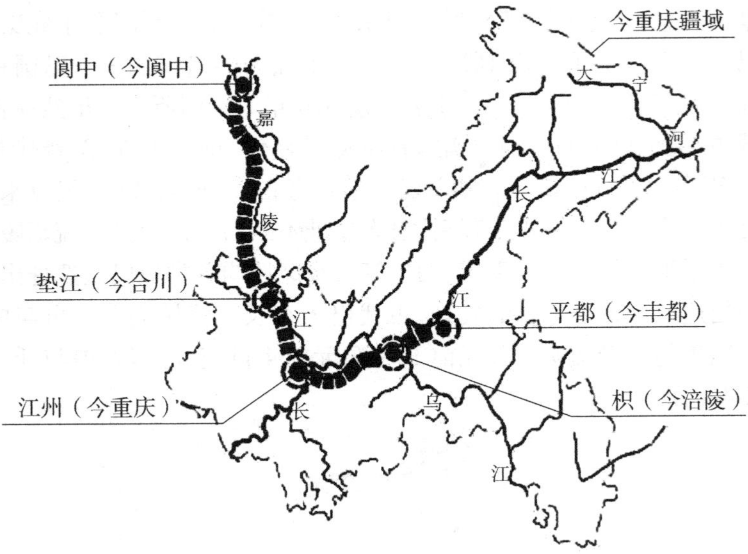

图2-4-2 巴国迁都路线图

第一节 “巴”从何来?

有《山海经·海内经》载曰:“西南有巴国,太暤生咸鸟,咸鸟生乘釐,乘釐生后照,后照是始为巴人。”郭璞在此注“巴国”为晋时的巴郡、巴东、巴西等三郡(今重庆和川东地区)。又载:“夏后启之臣曰孟涂,是司神于巴。(巴)人请讼于孟涂之所,其衣有血者乃持之,是请生。(孟涂)居山上,在丹山西。”郭璞注曰:“丹山在丹阳南。丹阳,巴属也,今建平郡丹阳城,秭归县东七里,即孟涂所居也。”表明其居住地在三峡地区。

一般认为，居于长江中上游地区，在夏、商或更早时期，以渔猎为主，采集、农业种植为辅的多个土著群落，都是巴人。尽管对巴人的研究著述颇丰，但在一些问题上依然存在不同观点，有一些未解之谜迄今笼罩着巴人古老而神秘的部族。

关于“巴”从何来？研究者普遍认为，这和此地居民的信仰有关。当地居民的活动与信仰都和“蛇”有关，而“巴”字的古写法就有“蛇”昂首行动状，同时蛇在古时候也是当地的图腾信物，故人们将其称为巴人。如《淮南子·本经》等，称巴人部落为“脩蛇”部落。但在多种不同的文献和古籍中也有不同看法，以为“巴”在远古时期并不是“蛇”的意思，或者此“蛇”不同于今日所见普通的蛇。《山海经》曰：“巴蛇食象，三岁而出其骨。”按照这一说法，巴蛇绝不是普通的蛇类，即便是南方的蟒蛇，也不可能吞掉大象，且《山海经》又多记人间少有之神鸟异兽，此说未必可信。清代文字训诂学家、经学家段玉裁在《说文解字注》中释曰：“巴，虫也，谓虫名。或曰食象它（蛇即它），象形。”

《楚辞》有曰：“有蛇吞象，厥大何如？说者云长千寻。”郭璞引以为《山海经·海内南经注》：“今南方蚺蛇吞鹿，鹿已烂，自绞于树腹中，骨皆穿鳞甲间出，此其类也。”两晋时期郭璞所谓巴蛇即南方所见蟒蛇，其势与状均大致相互吻合。不过，著名文学家、训诂学家、风水学者郭璞将“巴蛇”解释为南方蟒蛇，他采用了与《楚辞·天问》相似的记载说法。

甘犁先生在《红岩春秋》(2003)发表文章《“巴巫夔渝”漫谈巴文化》中，以漫谈巴文化的形式提到这个问题，认为“先民所谓的巴，实际上就是恐龙”。虽然有人类以来，恐龙已经灭绝，但巴地出土恐龙化石颇丰。由于古代先民对蛇的原始崇拜，当蛇身象腹的恐龙化石出现，即视为灵异。根据仓颉造字，象形加指事，出现了“巴”。

也有研究表明，巴人的“巴”与“鱼”音近，故“巴”即“鱼”，是所谓“鱼为自称，巴为他人所称”。当然也还有研究如《巴县志》所载“巴之得名以阆白二水曲折如巴字”，林林总总，不一而足。

第二节　巴人、巴地与巴国

从已有的文献表明，关于“巴人”一词的记载历史十分悠久，且流域内巴人曾生活过的地区亦有丰富的传说与地名流传于世。文字记载中，如宋代范致明《岳阳风土记》提出：所谓岳阳“巴丘”，即“巴蛇冢”。对应了西汉文学家、思想家刘安《淮南子·本经训》上所记“使羿……断修蛇于洞庭”的内容。这也可见“巴人”一词是历史时期的称谓，虽叫法不同，但记述的却是同一人群共同体的生活内容。

自西周以后，巴人因所居流域明显区分为长江三峡巴人、清江巴人、汉水巴人等。长江三峡巴人与清江巴人属于土著或崇拜白虎的廪君巴人部族。而居于汉水流域的巴氏部族，似乎包含有周代姬姓血统。巴人部落势力强大，汉代以后长江三峡巴人在四川成都建立成汉政权，此“巴人”已不是先秦伐纣时期的巴人了。

对于巴人中的姬姓巴人，一般认为是武王伐纣后，受封于周王朝的姬姓部族，这一支巴人不属于原生土著，只是巴人中的极少数，他们活跃在汉水流域，直至春秋时期。彼时，巴人的主流居于三峡流域、清江流域及江汉流域的西南部。

巴人活动的区域，古代大致以川东（今重庆直辖市、广安市、达州市、巴中市和南充市）、鄂西为中心，东至鄂西、湘西，西至嘉陵江流域，南及黔中地区，北至秦岭大巴山南麓，都通称为巴。其范围与现代所说的巴渝或者巴蜀又有所差别。汉中城固县苏村小冢出土商代晚期巴人傩舞青铜面具如图 2-4-3 所示。

如此庞大而又繁盛的族群，一定在某一较长时期有自己的活动中心。在追寻巴人聚集中心的时候，考古界与史学界产生了不同的结论。多数史学家认为巴人及其民族起源于汉水流域、清江流域，但相关考古发掘却很难获得考古遗存印证，反而在文字记载较少的峡江和川东北一带意外发现一系列巴人、巴族、巴文化遗迹。考古表明，早在 5 000 多年前，川东北境内州河渠江流域就有人类生活繁衍。之后，重庆市不断有遗址、墓群、温泉窖藏出土大量巴人及其部族的文物，成为重庆及川东北作为古代巴人聚集地的有力物证(见图 2-4-4 ~ 图 2-4-6)。

图 2-4-3　汉中城固县苏村小冢出土商代晚期巴人傩舞青铜面具

图 2-4-4　重庆涪陵小田溪巴人的贵族墓地出土战国青铜鸟形樽(资料来源:重庆中国三峡博物馆)

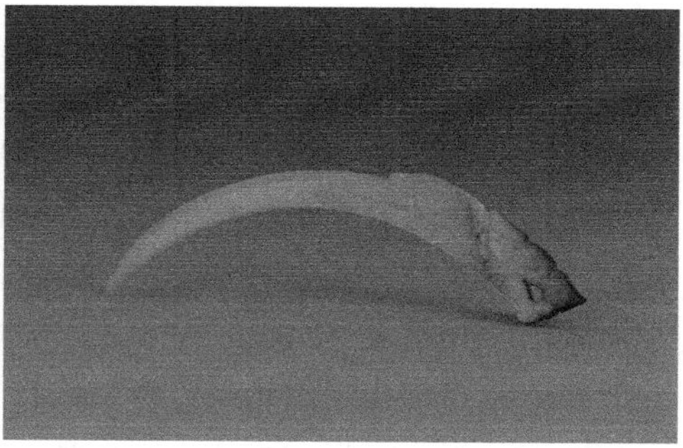

图 2-4-5　重庆涪陵小田溪巴人的贵族墓地出土战国龙首玉觿(资料来源:重庆中国三峡博物馆)

《左传·昭公九年》载,晋人与周大夫争田,且率阴戎伐颍,王使詹桓伯辞于晋曰:"我自夏以后稷,魏、骀、芮、岐、毕,吾西土也;及武王克商,蒲姑、商奄,吾东土也;巴、濮、楚、邓,吾南土也;肃慎、燕、亳,吾北土也。"由此可见,西周王朝的南方有诸侯国巴国,与其他燕、芮、楚、邓等

图 2-4-6　重庆巴县冬笋坝出土战国巴蜀“王”字青铜钺

（资料来源：重庆中国三峡博物馆）

诸侯封国同等地位，接受周王朝的政治统治，它所在的巴地为周王朝南土的一部分。

关于巴国，另据《华阳国志·巴志》载：“周武王伐封，实得巴蜀之师……武王既克殷，以其宗姬封于巴。”从此，“巴”即以国家形态出现。又载“周之仲世，巴伐邓，巴、楚伐申，巴伐楚，巴与秦、楚共伐庸”等，说明彼时巴国势力已具相当规模，经济富庶，故有《华阳国志·巴志》载：“周慎靓王五年……仪贪巴、苴之富，因取巴，执王以归，置巴、蜀及汉中郡。”此外，在《华阳国志·巴志》中还详细记载了关于巴的族群，“其属有濮、賨、苴、共、奴、獽、夷、蜑之蛮”，主要分布在涪陵郡北部、巴东郡、巴西郡、宕渠郡、巴郡。

古代“巴”的族群体系所处地域广阔而分散，陕西、贵州、湖南、重庆、湖北、四川相关流域水系都有巴人的踪迹，巴人是个复杂的、不断迁徙的民族。各个发展阶段的巴人有自己不同的族群体系，比如濮人、僚人等，他们本是不同的族群，本源文化有所差异，居于巴地的年代也不同。相关考古学研究表明，巴人族群发展历程可划分为三大阶段：一是夏立国之前即廪君之前，巴人族群活动在三陕地区和鄂西地区；二是自夏代始，巴人族群向西沿清江流域迁徙，兼有关于廪君的传说与记载，廪君部族在此地域生息繁衍了长达千余年；三是春秋时期巴人族群由于楚国压力，其大部又自清江流域迁徙返回三峡流域故地。

巴地和巴国并不是指一个概念。伴随历史时代不同，巴地所代表的地方也不同。从广义上来说，先秦时期的巴地是以今重庆、湖北交界处为中心，向四周扩散，可达陕西、湖南、贵州、四川等地的一个大版图。而巴国，从狭义上来说就是姬姓巴国。据《华阳国志·巴志》载曰："周武王伐纣，实得巴蜀之师……巴师勇锐，歌舞以凌殷人，前徒倒戈……武王既克殷，以其宗姬封于巴，爵之以子。"这段记载了巴人参加武王伐纣，立下战功，遂被加封的事。这里的巴国就是姬姓巴国了，都城为江州（今重庆）。

相关研究指出：巴国文化主要指巴国王族宗姬一支的文化；巴地文化，更多从地域上考量，包含历史时期不同巴地各民族文化；而所谓巴文化，可界定为春秋战国时期，巴国、巴族自汉水上游向南迁徙至长江干流，之后巴族文化与巴地结合起来。其巴文化包含：巫鬼文化，白虎崇拜、女神崇拜，以及青铜器、印章等明显的巴蜀文化符号等特色，文化辐射范围大约东至鄂西、西起川中、南达黔中、北至汉中。

第三节　巴人部族文化遗踪

巴民族是一个不断迁徙、分散、融合的民族，巴文化的形成十分复杂。巴民族在早期时候是由龙蛇巴人、鱼凫巴人、白虎巴人等分布在不同的地区，且具有不同图腾信仰的相对独立的族群团体构成。

以巴蛇为图腾的巫山、大巴山一带的巴人，称为龙蛇巴人。文化起源时期，龙蛇巴人势力强大，他们沿长江向下迁徙，至洞庭湖被东夷族的后羿击败后，又沿汉江迁徙返回陕西汉中一带，并逐步融入汉族。这支巴人极有可能是巴人出于伏羲氏这一说法的有力证据，伏羲本为人身蛇尾，以蛇为图腾的这支巴人极有可能相信自己是伏羲的后代。

以鱼凫（鱼鹰）为图腾的长江三峡奉节一带的巴人，称为鱼凫巴人。鱼凫巴人一支沿长江上游迁徙，入四川平原，有研究提出三星堆古文明与之有联系。鱼凫巴人的说法其实是"巴"字作"鱼"解释的一个支撑，许多认为“巴”的意思就是“鱼”的学者，多是从鱼凫巴人这一点着手。

以白虎为图腾的鄂西山区巴人一支，称为白虎巴人。白虎巴人沿汉江、嘉陵江等流域水系，至涪陵、重庆一带，不但建立了巴子国（周代分封的诸侯国），并逐渐成长为巴人的主体。这一支巴人就是廪君所在的部落，也是巴人为“廪君之后”这一说法的来源之一。

正如《华阳国志·巴志》所载，巴国包括巴部族文化及其他部族文化。关于巴国起源的诸多说法，总体分以下两种。

一是源于神话传说。在世代相传的神话传说中，由五个氏族部落联合起来形成了巴国的部落群体，其中巴氏务相为首的巴人，以白虎为图腾，因善舟楫和武术，夺取了部族领导地位，廪君为首任领袖。这类传说镌刻了某些关于巴国形成时期的历史记忆，但由于缺乏文字依据，只能通过神话管窥巴国的发生发展。

二是源于周武王伐纣说。有《华阳国志·巴志》明确记载：“昔武王既克殷，以其宗姬封于巴，爵之以子。”这一说法从相关文献考证，商末有濮、蜀等部落，也可能有“巴”的部族，但尚没有巴国。又据《尚书·周书·牧誓》记录，参与著名的牧野之战的部族包括庸、濮、彭、蜀、羌、微、卢、髳等，未记载“巴”。但西周之后，相关文字记载却明确指出，巴国居于周的南部，如《左传·昭公九年》记录：“巴、濮、楚、邓，吾南土也”。又据《华阳国志·巴志》载曰：“巴师勇锐，歌舞以凌殷人，前徒倒戈，故世称之曰：‘武王伐纣，前歌后舞’也。”对于伐纣灭商之役的“勇锐巴师”，有专家认为，《华阳国志·巴志》为时代较晚的东晋常璩所写，明显存在后世追述印迹。所谓“巴师”，极可能是前期文献中记载的参与武王伐纣的相关部族，后由于此类部族归属巴国统辖，后人称之为“巴师”。

1986 年，陕西安康汉滨区关庙镇王家坝遗址出土西周中期偏晚铜器史密簋。史密簋铭文（见图 2-4-7）记述了周王朝与东夷、南夷的战争，载曰：“王命师俗、史密曰：东征，敆南夷。卢、虎会杞夷、舟夷，雚，不折，广伐东国，齐师、族徒、遂人及执鄙宽亚。师俗率齐师、遂人左（周）伐长必，史密右率族人、釐伯、僰、夷，周伐长必，获百人。”相关铭

图 2-4-7　史密簋铭文

文中所谓夷、僰、虎、卢等相关南方及西南方诸部族联系紧密，如参与牧野之战中的卢部族、白虎崇拜的巴部族，以及在《华阳国志·巴志》中明确记载的巴国夷部族等。有专家由此推论，上述出土的《史密簋》相关铭文记载，也许正是巴国姬姓贵族史密率各部族武装，参与对东方反叛部族的战争，最终攻陷长必的历史史实。如果这个推测正确的话，也许《史密簋》的出土地正是彼时西周的巴国所在地。这与“巴在周之南土”的记载较为符合。有专家提出进一步推测：远古川东北地区、陕南地区等有夷、濮、苴等多个部族，而居于陕西安康一带的部族称“巴”。上述部族虽各具规模，但并未掌握国家政权，直至周代姬姓贵族受封后，此地以封地名“巴”为国名。从此，由巴国统率巴地及其周边各民族。彼时，巴国毗邻周之京畿且北隔秦岭，东与楚、庸毗邻而居，西南与西方蜀文化国家相邻，同时在南侧毗邻当地土著文化部落。

至西周，巴在西而庸在东，虽然相互毗邻，但巴更显弱小。据相关文献记录，彼时，巴国国君为子爵，而庸国世代为侯伯。至东周，庸国迅速发展，至春秋已历经多次战争，几度击败楚国入侵，称雄于楚、巴、秦之间，并给楚国造成迁都威胁。至公元前 611 年，庸被楚、巴、秦三国联军所灭。

巴国，在东面受到庸国的压迫，西面有强大的蜀国，北面毗邻周王室，唯有所居南面的土著部族力量较弱。也许不断扩张的庸国将巴国挤出了安康一带，巴国不得不向南迁徙。相关考古证据表明，巴政权亦有由北向南迁徙的遗迹，如从罗家坝等遗址发掘的春秋战国时期遗存，到战国至汉初的涪陵小田溪墓地、李家坝墓地等文化堆积，无不证明政治中心不断向南迁徙。伴随向南的脚步，巴文化与巴国统治的区域也持续向南辐射，并不断吸纳南方非巴文化区的一部分部族，相关地域亦称巴地。

从地域分布考察，巴文化所含区域广阔，但早期主要包含巴人、巴国活动范围，无论是西周时期巴子之巴，还是春秋战国时期的巴蜀之巴，所到之处主要以峡江地带为中心，沿河而居，以渔猎生活为主。之后的相关文献与考古不断发现，古代巴人在峡江地带因水而兴的历史遗踪。亦有《后汉书·南蛮西南夷列传》载："阆中有渝水，其人多居水左右。天性劲勇，初为汉前锋，数陷阵。俗喜歌舞，高祖观之曰：'此武王伐纣之歌也'。"

现有考古资料中，关于巴人沿水而居的历史确凿无疑，如巴人遗存中发现的巴人船棺葬习俗、陶船模型、形似鱼鹰的长嘴带勾鸟形器物等。相关鱼纹、船纹等图案在春秋战国巴人遗物中十分常见，使相关学者推断巴人乃鄂西、川东一带以渔猎为生的鱼凫民族。相关出土文物如图 2-4-8、图 2-4-9 所示。

图 2-4-8　1954 年四川昭化宝轮院巴蜀船棺葬出土战国巴蜀白文铜方印章（资料来源：重庆中国三峡博物馆）

图 2-4-9　1954 年四川昭化宝轮院巴蜀船棺葬出土战国巴蜀白文铜圆印章（资料来源：重庆中国三峡博物馆）

从文化内容上考察，更早期巴文化遗存与春秋战国时期巴文化具有明显的继承关系。虽然后者融合性很强，但早期文化依然占据主导地位，这应该与春秋时期巴国统治者息息相关。有《后汉书·南蛮西南夷列传》明确记载："及秦惠王并巴中，以巴氏为蛮夷君长，世尚秦女，其民爵比不更，有罪得以爵除。"

从文化思想上考察，春秋时期的巴文化应该受到西周的很大影响。正如《华阳国志·巴志》所载，"巴"助武王伐纣，成为周的诸侯国，深受周文化影响，并在后世承袭了周文化集大成者孔子的儒家思想。如《华阳国志·巴志》所载"其民质直好义，土风敦厚，有先民之流"正是引用孔子原话"质直好义"，形容巴人。从今天现存巴族一支的鄂西土家族风俗习惯来看，虽居边陲但"质直好义"之风未改，礼仪周到。相关白虎崇拜不仅象征族群的勇猛，更表达民族的仁义之心。同时，鄂西土家族与周文化在诗、歌、舞等方面有惊人的传承与相似。

早期巴文化以渔猎为主，至商代以后，巴文化辐射成都平原、鄂西山区及川东等广大地区，从而出现生活与文化发展的剧烈分化。至春秋时期，成都平原已成为以农业为主导的国家，而鄂西、川东等广大地区的巴人仍以渔猎为主，最终导致巴蜀与巴渝民族文化的差异性不断增加。

第四节　巴渝文脉重要源头

以重庆巫溪县宝源山为中心，包含独特盐文化和药文化在内的三峡巫文化，是楚文化与巴文化的重要源头，对巴渝文化及长江流域文明都产生了重要而深远的影响。相关出土文物如图 2-4-10 所示。

一、"巫"从何来

中国古代造字法多为象形或指事，巫字从甲骨文到当代书写形式，字形均未大变，属象形字。巫，上下两横，分别代表天和地，中间的"丨"，表示可通天地之意，所以巫也常常被认为是能够沟通凡人与天地鬼神的角色。甲骨文的巫，金文大篆的巫，都像古代女巫所用

图 2-4-10　重庆市巫山县大昌镇大宁河畔的李家滩发掘出土的商代山羊尊
（资料来源：重庆中国三峡博物馆）

的道具。而小篆的巫是这样的巫，像女巫两袖舞形。而巫的本义就是能以舞降神的人。彼时，远古社会“绝天地通”这一宗教革命拉开了人与神的距离，只有少数人保留了与神交流的特权，这就是巫。东汉时期著名的经学家、文字学家许慎在《说文解字》释曰：“巫，祝也，女能事无形，以舞降神者也，象人两袖舞形，与工同意……觋能齐肃神明者，在男曰觋，在女则巫。”详细介绍了巫祝们专门与无踪无影的鬼神沟通，并以巫舞的形式驱邪、护佑生灵。

古人认为，巫可悟天道、通天理，具无穷之力。更有文学作品描写巫是部族之首，可拯救天下黎民于灭亡之困，拔人族祖先于覆灭之境。巫者，天地间有人存，平而唯一，相互扶持，解迷惑、解灾劫、解病痛。掌礼法，持传统，使人族绵延流传于九州。关于巫的身份和职能，大约距今越是久远，就越显其重要性。远古时期，巫不仅作为部族重要决策人或建议人，还被当作拯救困苦病痛的人，可问吉凶，可消病痛。巫既关乎身体安危，又是灵魂的摆渡者。

关于巫的职务，清代学者阮元《经籍纂诂》引《尚书·商书·伊训》:“时谓巫风。”载曰:“巫者,事鬼神,祷解以治病请福者也。男曰觋,女曰巫。”又引《吕览·侈乐》:“作为巫。”音注:“医师在女曰巫。”又引《周礼·春官·序》:“男巫。”注:“巫掌招弥以除疾病。”这说明古代巫的主要职责是事鬼神、治病消灾。从文献资料可考,周时分男巫、女巫,司职各异,同属司巫。巫产生最初,兼具医生的角色,春秋以后,医道渐从巫术中分离。

至夏商周时代,巫师在国家政治生活中一直享有崇高地位,甚至参与国家决策。如《尚书·君奭》有云“巫咸乂王家”,明确大巫师巫咸协理商王治国。亦有《仪礼·士丧礼》明确记载,君主吊唁等重要活动必须有巫师伴驾。

同时,巫与医密切相关。有《山海经·大荒西经》载曰:“有灵山,巫咸、巫即、巫盼、巫彭、巫姑、巫真、巫礼、巫抵、巫谢、巫罗十巫,从此升降,百药爰在。”其中,十巫与“百药”相关。亦有《山海经·海内西经》关于“六巫”有载:“开明东有巫彭、巫抵、巫阳、巫履、巫凡、巫相,夹窫窳之尸,皆操不死之药以距之。”描述巫师能治疾病,掌有不死神药。巫师和巫医在蒙昧初开时代,基本一身兼二职,巫医常常以巫术和药物协同治病。例如,在巫山大溪新石器时期文化遗存的墓葬中,出土了随葬品绿松石“耳饰”。现代医学已发现,绿松石是一种珍贵的矿石,具有镇静、消炎、降血压等多种功效。然而,远古时期的绿松石“耳饰”仅能由巫师身份的人佩戴,是巫师的职业符号,并显示具有操纵“不死之药”的神秘力量。另一个巫医合一的例子,则是盛产于重庆巫溪宁厂古镇附近宝源山的丹砂。在“百药爰在”的巫山地区,最重要的一味药便是丹砂,古人对当地丹砂(硫化汞)益气明目、镇心养精、通血脉等药用价值早有所识,甚至认为丹砂具有令人起死回生、长生不老之功效,即所谓巫山诸巫“夹窫窳之尸,皆操不死之药以拒之”。

作为传统的农业大国,雨与农业生产密不可分,巫术祈雨是古代巴渝重要的国事和民俗活动。《周礼·春官·女巫》有云“若国大旱,则帅巫而舞雩”,正是记载国家敕命女巫祈雨。今生活在湘、鄂、黔、渝三省一市交界处的土家族,依然保留着“打洞祈雨”“挖树祈雨”“闹鱼祈雨”等原始巫术祈雨活动。

有学者推断，巫师还是远古最杰出的舞蹈家和歌手，大量舞蹈、诗歌来自巫教。巫师也是最早掌握文字、观测天象并记载历史的中华民族第一代文化人。直至商周时期，华夏民族仍处于巫史不分的状态。也许我们可以说，巫师在漫长的历史岁月里，从事着卜筮、祭祀、书史、星历、医药、教育等多方面的文化活动。

二、巫与三峡盐文化

中生代和新生代剧烈的地壳活动，造就了长江三峡地区丰富的盐业资源。三峡巫文化不仅有原始的宗教世界观为精神皈依，更有巫溪、巫山先后出现的巫咸国和巫臷国作为物质载体。追溯巫咸其名，与盐大有关系。就“咸”的本义，是指人人都必需的盐的口味。有《说文解字》记载：“盐，鹹(咸)也。”其中，“鹹”字，古原作“咸”。距今5 000年前，黄帝时代的巫咸国原始部落，居今重庆巫溪宁厂古镇附近的宝源山，其首领称“巫咸”。《说文解字》有云：“古者巫咸初作巫，凡巫之属皆从巫。”表明巫咸乃中国最早的巫师和三峡巫文化的鼻祖，而巫咸国及重庆市巫溪县宝源山正是三峡巫文化的摇篮。

有《山海经·海外西经》载曰：“巫咸国，在女丑北，右手操青蛇，左手操赤蛇，在登葆山，群巫所从上下也。”古代先民认为巫山就是直达天庭的“通天柱”。有东晋郭璞《巫咸山赋》载曰：“盖巫咸者，实以鸿术为帝尧医，生为上公，死为贵神，岂封斯山，而因以名之乎？”或说巫咸为黄帝时人，昔黄帝与炎神争斗逐鹿之野，将战，筮于巫，巫咸曰：“果哉而有咎。”

彼时，巫咸国之“国”非谓国家也，因华夏共主帝、尧均未建立国家，身为“帝尧医师”或黄帝巫师的巫咸之国乃部落之称。

巫溪宝源山之所谓宝山，皆因其闻名遐迩的盐泉。有左思《蜀都赋》云：“滨以盐池。”刘逵注：“盐池出巴东北井县(即今重庆市巫溪县，建安十五年刘备主荆州，分巫县北境置北井县，治今巫溪县城厢镇，隶宜都郡)，水出地如涌泉，可煮以为盐。”秦巴古盐道如图2-4-11所示。

继巫咸国之后蓬勃兴盛的部族是巫臷国。有《山海经·大荒南经》载曰：“有臷民之国，帝舜生无淫，降臷处，是谓巫臷民。巫臷民朌姓，食谷，不绩不经，服也；不稼不穑，食也。爰有歌舞之鸟，鸾鸟自歌，凤鸟自舞；爰有百兽，相群爰处。百谷所聚。”将巫载国描绘为极乐世界，数千年后仍令人叹为观止。

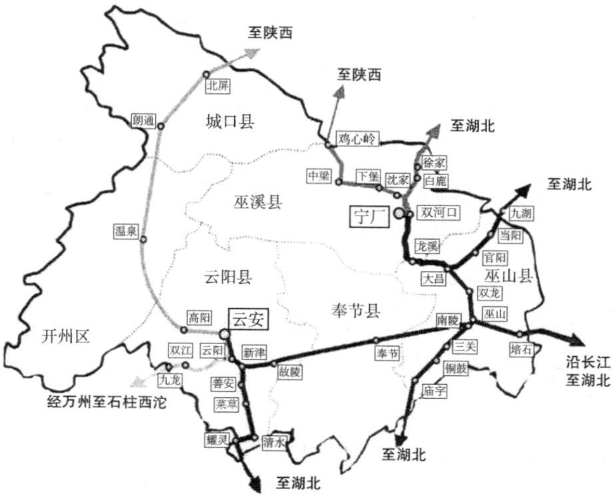

图 2-4-11　秦巴古盐道简图

相关研究表明，巫咸国、巫载国处于距今 4 600～4 100 年的新石器时代晚期，相关巫载文化发展大概经历了以下五个历程：

(1) 巫盐发现。距今约 5 000 年前，正处于巫山氏族的形成期，等同于中原地区黄帝时代，所居地域处重庆巫溪河谷。

(2) 巫盐外销。彼时，巫盐已外销大巴山的濮、庸等诸部族，可视为巫载国的形成期，巫盐盐道运输沿巫溪入长江，与大溪先民贸易交往后逐渐融合为巫峡至瞿塘峡河谷间的巫载部落。

(3) 巫盐出峡。约在西周前后 600 年间，巫载民族发展达到极盛，巫盐沿长江水道向上穿越瞿塘峡远销四川盆地广大地区，下游穿越巫峡将巫盐远销黔中高原等广大地区。彼时，巫载国已成为川、楚两地江、汉间的强大民族。

(4) 巫盐衰退。后因巴国兴起，发掘水下盐泉，抢占盐业销售市场，巫盐发展一度处于停滞状态。

(5)巫载覆亡。伴随楚国崛起,原属巫载的彭水县郁山盐泉被楚国夺取,并允许巴国兼并巫载,后巫载文化逐渐被巴文化、楚文化替代。

关于巴族的起源,当数《山海经》记载最早:“西南有巴国。太暤生咸鸟,咸鸟生乘釐,乘釐生后照,后照是始为巴人。”上古时期华夏民族最早出现而且影响较大的有三个部族,一为太暤帝伏羲氏,一为炎帝神农氏,一为黄帝轩辕氏。“太暤”为风姓,风即凤,即太暤是以凤鸟为图腾的部族。“咸”即是盐,“咸鸟”即“盐鸟”,“咸鸟”主要指从事运盐的人;承为治理之意。“乘釐”可以引申为管理运盐之人,也可以理解为捕鱼之人,后有继承、后代之涵义。“后照”可以解释为继承“乘釐”为西南巴国的首领,“后照”就是巴人的首领名称。以上文字明确显示,巴族的起源与盐相关,他们是从事制盐、运盐、管理盐、交易盐的部落,拥有相当强的经济实力,并自称为“巴”。

巴人聚居于三峡,因占有盐而逐渐兴起。重庆巫溪宝源山是已知中国最早的盐泉,距今已有 5 000 年历史。上古时期正是依靠宝源山天然盐泉的供给,产生了“灵山十巫”和强大的巴国。整个盐场上下长 2.5 千米,有“万灶盐烟”的奇观。据神话传说,廪君巴人一族杀盐水女神而占据盐泉资源,引发部落征战。至楚人交恶巴人,也主要为夺取资源而战。之后巴国衰退,逐渐失去对盐泉资源的独享。重庆巫溪县大宁盐场古镇如图 2-4-12 所示,相关出土文物如图 2-4-13、图 2-4-14 所示。

三、巫与三峡医药

除巫咸等十巫外,《山海经·海内西经》还重复记载了关于巫彭的传说,传说巫彭“寿至八百岁”。《世本》有云:“巫彭作医。”亦有《说文解字》记载:“古者巫彭初作医。”表明巫彭是三峡远古医药始祖。而巫肦是来自巫载国的三峡土著神医,也有专家推测,他就是到巫山采药而改进巫泉煮盐和开采丹砂的师祖。另有学者指出,巫履即巫礼,巫真、巫相是巴族大姓郑氏、相氏的先祖,以长生不死之药救活了蛇身人首的窫窳。故《广雅·释诂四》载曰:“医,巫也。”清代王念孙《广雅疏证》有载:“巫与医皆所以除疾,故医字或从巫作毉。”又有清代俞樾《群经

图 2-4-12　重庆巫溪县大宁盐场古镇

图 2-4-13　东汉制盐画像砖拓片（资料来源：四川博物院）

图 2-4-14　东汉巴蜀地区制作井盐的盐场画像砖出土于成都羊子山汉墓（资料来源：重庆中国三峡博物馆）

平议》云："巫医古得通称，盖医之先亦巫也。""巫、医对文则别，散文则通。"西周建立后，遍设巫医。彼时，巫医备受尊重。孔子曰："人而无恒，不可以作巫医。"巫，一身兼二任，成为中华远古医药学的最早传承者。蜀文化专家任乃强教授研究提出:"十巫既是神巫,又是医方和制盐、炼丹的祖师。"

四、巫与汉字文明

远古时代,巫师与史官也常常一身兼二职,后被称为"巫史"。巫师首先发明了文字,并书写氏族部落的历史,传承知识文化。如商代的贞人就发明了甲骨文,彝族的毕摩发明了彝文,纳西族的东巴发明了东巴文,耳苏人的巫师发明了耳苏文,等等。清人江瑔《论诸子之渊源》云:"古代之官,惟巫与史……记人事曰史,事鬼神曰巫。"由于文字的出现,人类社会逐渐过渡到文明时代。

参考文献

[1]黎小龙."巴蜀文化""巴渝文化"概念及其基本内涵的形成与嬗变[J].西南大学学报(社会科学版),2017,43(5):171-182.

[2]孙俊.战国秦汉西南族群演进的空间格局与地理观念[D].昆明:云南师范大学,2016.

[3]管维良.南方文明之源——巫巴山地[J].重庆:重庆师院学报(哲学社会科学版),1992(1):9-17.

[4]赵本凡.巫巴山地"巫盐"文化研究[D].重庆:重庆师范大学,2012.

[5]何小容.略论先秦三峡巫文化[D].重庆:重庆大学,2011.

[6]滕新才.三峡巫文化与中华远古文明[J].黑龙江民族丛刊,2011(1):70-76.

[7]王健.史密簋铭文与齐国的方伯地位[J].郑州大学学报(哲学社会科学版),2002(2):98-102.

[8]李学勤.史密簋铭所记西周重要史实考[J].中国社会科学院研究生院学报,1991(2):5-9.

[9]刘莎.巴神话研究[D].重庆:重庆大学,2010.

[10]徐良高.周之南土:巴国与巴文化刍议[J].四川文物,2018(4):64-68.

[11]王杰,田富强.论大溪文化与其他原始文化的关系[J].江汉考古,1989(2):41-44,21.

[12]张勋燎.古代巴人的起源及其与蜀人、僚人的关系[J].南方民族考古,1987,1:45-71.

[13]郭飞平．古代巴人:由何处起,由何时终[J]．中国民族教育,2018(6):53-56.
[14]钟周铭,彭邦本．巴人早期活动地域及其迁徙考[J]．上海交通大学学报(哲学社会科学版),2017,25(6):93-100.
[15]朱世学．巴式青铜器虎形纹饰的发现与探讨[J]．重庆三峡学院学报,2014,30(2):124-130.
[16]白九江．巴渝古文化　大溪遗址与大溪文化[J]．红岩春秋,2013(3):81.
[17]段渝．巴人来源的传说与史实[J]．历史研究,2006(6):3-18,189.
[18]李进．巴渝古镇聚居文化研究[D]．重庆:重庆大学,2003.
[19]渔君．巴文化研究与民族形成浅议[J]．民族研究,1990(1):94-96.
[20]吴艾坪．晚清时期德国李希霍芬笔下的三峡[J]．地方文化研究辑刊,2020(1):244-251.
[21]向梅花．恩施土家族傩愿戏的艺术研究[D]．南昌:江西科技师范大学,2017.
[22]王绍林．“巴”义溯源[J]．作家,2011(18):160-161.
[23]周文德．“巴”名称的语源研究述评[J]．贵州民族研究,2011,32(4):121-128.
[24]周兴茂．巴人、巴国与巴文化[J]．徐州师范大学学报(哲学社会科学版),2007(4):57-61.
[25]李世斌．古代三峡地区的巴人与巴国[J]．三峡学刊,1994(1):22-26.
[26]刘纲纪．试谈巴文化的渊源、特征及“白虎”的含义[J]．湖北民族学院学报(社会科学版),1990(2):37-41.
[27]邓辉．巴人 巴国 巴文化[J]．湖北民族学院学报(社会科学版),1990(2):53-57.

第五章 水文化印迹

关于巴渝地区的风土文化，有唐代文学家刘禹锡《畲田行》曰："红焰远成霞，轻煤飞入郭。风引上高岑，猎猎度青林。"并在《竹枝词》中描述："山上层层桃李花，云间烟火是人家。银钏金钗来负水，长刀短笠去烧畲。"善渔猎的峡江两岸巴渝先民，直至唐代，农业生产仍然以原始的刀耕火种方式为主。黄庭坚被贬黔州（今重庆彭水）期间，著《谪居黔南十首》云"山郭灯火稀，峡天星汉少。年光东流水，生计南枝鸟""苦雨初入梅，瘴云稍含毒。泥秧水畦稻，灰种畲田粟。"大体也是当时巴渝地区峡江两岸农业种植刀耕火种方式的折射。再有白居易《初到忠州登东楼·寄万州杨八使君》载："林峦少平地，雾雨多阴天。"由于陆地条件的限制，至今巴渝地区的农业也不适合规模化耕种。而巴渝水阔，使巴渝地区的水系及其水文化对本地的文化文明发展具有更加特殊的主导作用。

第一节 码头集市画卷

据《华阳国志·巴志》记载的江州（今重庆）"承两江之会""结舫水居五百余家"。巴渝地区航运历史数千年，但自汉代码头的产生使巴渝地区水上商贸发生了质的飞跃。著名的江州码头最早始建于西汉，其中朝天门码头是最具代表性和最早始建的码头，迄今仍发挥着极其重要的作用。

因为有了码头的出现，巴渝地区水上集市商贸也由此扩展。唐代著名诗人王维《晓行巴峡》载曰："际晓投巴峡，馀春忆帝京。晴江一女浣，朝日众鸡鸣。水国舟中市，山桥树杪行。登高万井出，眺迥二流明。人作殊方语，莺为故国声。赖多山水趣，稍解别离情。"生动描述了古代渝州水村山郭的码头文化：在一个春日将尽的清晨，江边有婀娜多姿的浣衣女子，倒影绰约。忽有鸡鸣，朝霞满天，江面上船只鱼贯展开，各色商品琳琅满目，市民商贾云集，买卖兴隆。登高远望，两山夹阆白二流，桥梁纵横，万家井邑，水国舟中市跃然纸上。唐代诗人司空曙《送夔州班使君》云："晓樯争市隘，夜鼓祭神多"，亦描绘巴渝地区的码头集市场景，又有司空曙《发渝州却寄韦判官》载曰："红烛津亭夜见君，繁弦急管两纷纷。平明分手空江转，唯有猿声满水云。"又将码头生活更为丰富的码头文化展现其间。曾经的老码头可谓"两江汇流，万民累居，商旅辐辏，百业兴旺。三教九流，千役百工，南拳北腿，各显神通"。历史上的老码头承载了巴渝地区生产、生活的各个方面，码头文化也孕育和深刻影响了巴渝文化的发生发展。

一、水边城建

先秦时期治国理政巨著《管子·乘马》有云，"凡立国都，非于大山之下，必于广川之上。高毋近阜而水用足，低毋近水而沟防省。"具有数千年文明历史的重庆，在长江中上游干流及其乌江、嘉陵江支流等沿河口岸，迄今仍保有众多千年古镇。其中，至少有近 40 个水边古镇具有较高知名度和相当规模，这些镌刻巴渝先民人水和谐智慧的历史古镇临水而居，在千回百转的水文化发生、发展和传承过程中，逐渐凝聚形成巴渝大地的本土文化品格。研究表明，近两千多年来，三峡地区的城市建设，有 82% 分布于海拔 300 米以下的河谷地带，71% 分布于长江干、支流沿岸，73% 分布于两河交汇处。乌江流域民族地区的 124 座古镇绝大多数沿流域分布，形成历史时期的交通枢纽及区域政治、文化、经济中心。如：三面环水的中国著名历史文化古镇——龚滩古镇，即古涪陵郡汉复县，位于乌江与阿蓬江的交汇处，自古为川盐入黔中转站并形成了乌江流域、长江流域的重要货运集散地，迄今已历经 1 700 多年风雨兼程。始建于宋代，拥有"一江两溪三山四街"的天然良港——磁器口古镇，原名龙隐镇，自古迄今，一直是嘉陵江边最重要的水陆码头之一。

走进巴渝地区沿河流、河谷而构建的千年古镇，青石板、吊脚楼、宗祠祖庙、古戏台、移民会馆、水运码头，以及与之共生的民风民俗、文化艺术等非物质文化遗产，抑或是早期文明的发祥地，古镇的城市布局、生活方式、建筑风格及文化形态，无不浸润着水的文化、水的史诗。如巫文化发源地，拥有4 000多年制盐史的巫溪宁厂古镇；苗、汉、土家等多民族聚居，湘、渝、黔三省交汇的商埠码头秀山洪安古镇；巴渝舞、吊脚楼传承至今的土家族聚居地，黔江区濯水古镇；“铜梁龙”传承千年的铜梁安居古镇；等等。

二、水上盐运

由于拥有丰富的水域水系和盐泉储量，巴渝地区虽自然环境险恶，但即便在远古时期，也不乏鱼、盐等资源。西汉刘向《世本》有载：“此地广大，鱼盐所出。”又有南朝刘宋时期的历史学家范晔所著《后汉书·巴郡南郡蛮传》，关于盐水女神与廪君的传说也印证了这一点。相传巴人领袖廪君在夺取领袖地位后，廪君率巴人一支乘船沿夷水（清江）西迁至盐水，与盐水女神产生了爱情。拥有丰富鱼、盐资源的盐水女神愿以身相许与廪君结成夫妻，而廪君不允。盐水女神为挽留爱人施展法术，令其无法启程。后廪君破了盐水女神的法术，并夺取了重要的鱼、盐资源。在这个传说中至少反映了巴文化的两个方面：一是巴地巫术起源甚早，二是巴地鱼、盐资源丰富。

历史时期，长江干、支流是川盐运销的黄金水道，长江水系与各运盐口岸的陆路交通构成水路、陆路交替，并以水路为主，以川、渝等古老产盐区为中心，辐射川、渝、黔、湘、鄂、陕、滇等广大地区，如川鄂“一纵四横”古盐道、川湘“两横一纵”古盐道、川黔四岸古盐道，以及以“闰盐古道”最为著名的川滇古盐道等，跨区域配置食盐资源，在数千年的时间隧道中形成了一个规模宏大的综合运输网络，同时也创造了密布西南、中南等地区以盐运为特点的沿流域文化线路和民族走廊（见图2-5-1）。

关于三峡地区盐井生产、巴盐运输等描述，在古诗词中可窥见一斑。如唐代著名诗人杜甫《十二月一日三首》有云：“寒轻市上山烟碧，日满楼前江雾黄。负盐出井此溪女，打鼓发船何郡郎。”明代诗人王廷承《竹枝词十二首》载：“白盐生井火烧畲，女子行商男在家。”清代诗人

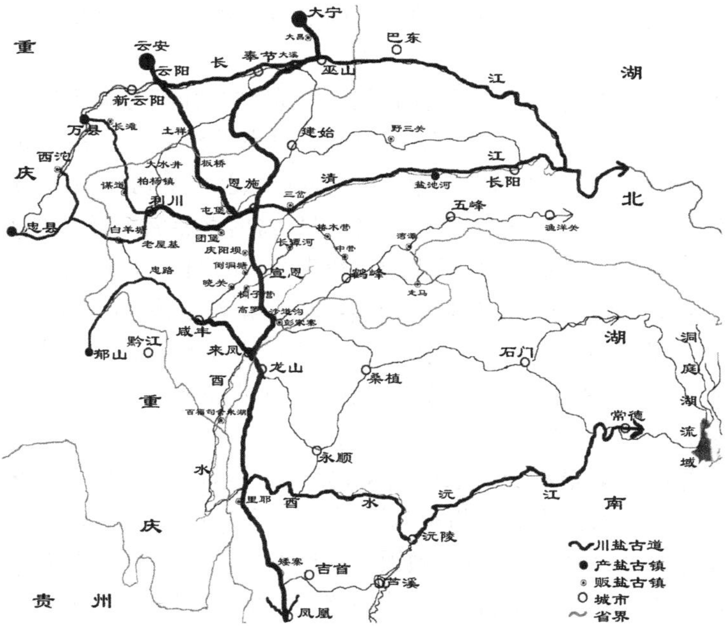

图 2-5-1　川盐古道路线图

潘高著《竹枝词四首》曰:“神女祠边盐出井,昭君村外女烧畲。”南宋名臣、文学家、诗人范成大《夔州竹枝词》云:“大昌盐船出巫峡,十日溯流无信音。”等。此外,涉及古道上的盐号、会馆、碑刻、关隘、建筑,以及相关的船工号子、背盐歌和饮食文化,至今仍然在沉寂的古道、古镇及喧嚣的码头中依稀可见。

三、水乡饮食

自古鱼、盐资源丰富的巴渝地区,饮食种类也极其丰富,它不仅拥有各地代表性的品牌美食,更在经年的岁月中形成了独特的茶文化、酒文化、火锅文化等饮食文化。其中,最能体现巴渝水阔特色的莫过于以码头文化为首要特征的重庆火锅。在巴渝饮食中,商周时期已出现以煮涮为特色的火锅饮食,如庆典或祭祀中“击钟列鼎”,即将食物放入鼎中煮涮而食,这正是火锅文化的雏形。在火锅的漫长发展时期,有皇家的推崇，也有民间的喜爱。关于火锅中的麻辣口味，主要源于重庆码头纤夫文化。

四川作家李劼人在其所著的《风土什志》中，详细考证了四川火锅的发源：吃水牛毛肚的火锅，发源于重庆对岸的江北。最初挑担子零卖，贩子将水牛内脏洗净煮一煮，而后将肝子、肚子等切成小块，于担头置泥炉一具，炉上置分格的大洋铁盆一只，盆内翻煎倒滚着一种又辣又麻又咸的卤汁。于是河边、桥头的一般卖劳力的朋友，便围着担子受用起来。各人认定一格，且烫且吃，吃若干块，算若干钱，既经济实惠，又能增加热量……直到民国二十三年，重庆城内才有一家小饭店将它转移到桌上，泥炉依然，只是将分格铁盆换成了赤铜小锅，卤汁、蘸汁也改由食客自行调配。

另据《火锅：最重庆的水码头文化》一书考证：重庆地区的麻辣火锅最先起源于长江边的泸州小米滩码头。长江边上的纤夫、船工跑船常夜宿小米滩，停船生火驱寒做饭。一群人一瓦罐一钵汤，再加入驱寒除湿的花椒、海椒、香辛料，将廉价的猪下水切块入锅烹煮，麻辣、滚烫、鲜香，妙不可言。逐渐地，火锅文化在民间流行开来并沿袭至今。

巴渝饮食习惯上偏麻辣，也取决于自身的气候和环境。巴渝水系丰沛又多丘陵，属亚热带季风湿润气候，夏季高温湿热，冬季阴冷潮湿，降水多、湿度大，巴人为御风寒、驱潮气，常吃辣椒、饮烧酒，于是养成了喜欢麻辣的饮食口味。除麻、辣之外，还有酸甜、怪味等，据唐宋时期文献记载，彼时重庆饮食以“重糖高油、肥甜软糯、香酥松脆”为特色。直至今天，重庆本土饮食可用“麻、辣、鲜、香、烫”来形容。重庆火锅如图2-5-2所示。

当然，以水码头文化引领的巴渝饮食文化又是多元而包容的，有火锅、小面、河鲜大菜，也有包子、馒头、糍粑。巴渝所在水域广阔、水系丰沛，自古为长江上游水运枢纽，南来北往，客商络绎。重庆本地的特产与饮食方式通过水路交通传播到各地。全国各地的特产、农副产品、饮食等也通过水路汇聚重庆，形成了巴渝地区丰富包容的饮食习惯。

由于巴渝地区多水，加之巴渝先民巴人“质直好义，土风敦厚”“巴师勇锐，歌舞以凌殷人……”等特征，对重庆饮食文化产生了深刻的影

图 2-5-2　重庆火锅图

响，如待客风俗信奉“居家不得不俭，待客不得不丰”。同时，重庆人喜欢大锅煮、大碗肉，水煮、锅煮、烫煮等讲究麻辣鲜香，畅快淋漓，继承了巴人豪放、朴实的性格特质。这些特点在一些地方菜肴中，特别是沿江古镇习俗中表现尤为突出。如重庆永川松溉古镇的“朱沱九大碗”，磁器口古镇的“毛血旺”等沿江古镇传统饮食，习惯用大斗碗盛肉和大“脸盆”装菜。而码头火锅更是以气吞山河的豪气，传承展示了古老巴人酣畅淋漓、勇武豪放的性格和饮食文化。这些以码头文化主导的积淀深厚的饮食生活方式、习惯是巴渝儿女无法割舍的情感，更是渗到骨子里的巴渝水文化意象。

第二节　航运千古绝唱

在中国古代，水、陆路交通对文化传播具有主渠道作用。古代三峡地区陆路艰险，江河水系丰沛，干、支流纵横，水上交通在文化传播、经济贸易、军事防御等方面的作用尤其突出。巴渝地区居长江中上游，属中国水系交通最密集发达地区之一。其中，许多干、支流自古就承袭黄金水道之称，形成了天然的水上民族文化走廊。如横断山脉以西的众多河流组成的天然廊道，还有通过巴、蜀、滇、黔将甘、青、陕等联系起来的三条南北向廊道，包括居东部的乌江、嘉陵江，居中部的岷江、大渡河，以及居西部的雅砻江、金沙江等。自秦汉始，嘉陵江就是巴、蜀地区文化与关中秦陇文化相互交融的民族走廊。就目前研究与考古可以发现，通过长江将西南地区与长江中下游地区联系起来的东西方向水路，正是历史上蜀文化、巴文化与湘楚文化沟通的主要民族走廊。在巴渝地区沿长江、嘉陵江、乌江、大宁河及其支流沿岸遍布的历史重镇、军事要塞、经济要冲等，总能领略到不同民族的建筑风格、宗教崇拜、饮食习惯、民俗活动。近年来，陆续从长江干、支流两岸不断发掘出自新石器时代至东汉时期等各年代出土的石锚、拉纤俑、土船等，反复印证了巴渝地区航运的千年历史及天堑变通途的不朽史诗。峡江沿岸镌刻数千年依然沉寂的纤夫石，河谷、峭壁间千回百转高亢嘹亮的船工号子，正如一座座精神丰碑、一首首生命礼赞，成为巴渝儿女生生不息、砥砺前行的不竭动力。

一、水路交通

长江自西向东横贯广大巴渝地区，同时又汇入370余条大小支流，其中27条流域面积都大于1 000平方千米。整个区域水系骨干河流包括长江干流和乌江、嘉陵江等一级支流，其他网状支系中小河流纵横交错，据不完全统计，年总径流量约达4 493亿立方米以上。形成密度较大的水系网络。巴渝地区天然水系丰沛、河流密布，为人类史前文明的发生发展及文化传播创造了条件。

长江中上游巴渝地区水运的历史最早可追溯至新石器时代（公元前4400—公元前3300年）大溪文化。迄今已发掘的十余处大溪文化研究表明：三峡地区先民在5 000多年前已谙熟舟楫之术。相关上古时代巫山神女的研究亦指出，三峡远古文化从湿漉漉的水中走来。如神话传颂之水源说，巫山神女因水而生、助禹治水、化身航运守护神等。《史记·夏本纪》明确记载大禹治水，“陆行乘车，水行乘船”。至今三峡流域沿岸仍然保有大量大禹治水的传说。《中国古代交通》《后汉书·南蛮西南夷列传》都有提及“土船”，且在巴蜀墓葬中也颇为常见。

由于长江航道自古沟通中国西南与东部，素有黄金水道之称。据相关史料翔实记载，三峡交通至唐代已成为王朝重要漕运和商业通道，被视作维系国家政权、社会经济命脉的生命线。而伴随隋唐大运河的开通，三峡也成为重要的国际航运线，包括大量贸易交往和频繁使节交流。

虽然巴渝地区有山有水，山水共筑巴渝的空间形象，在交通上体现为山路和水路两个维度，而由于地形条件限制，古时巴渝地区将水路当作主要交通方式，舟船为主要交通工具。几千年来，巴渝儿女在峡江边上发展舟楫之术、渔猎之业、水运之道。岸边那些年代久远的神话传说及业已废除的纤夫石、绞滩、拉纤、火锅庄，江面上传唱千年的各种号子等文化符号，都真实地记录下在这个水流湍急、河道凶险的峡江地区，巴渝先民仍然能够依仗长江水运顺流而下，自巴蜀出夔门抵荆楚。巴渝水阔的自然地理空间和巴渝先民的人水和谐智慧，使巴渝地区所处的丰富水系成为数千年绵延不断的民族文化廊道。历史时期族群争斗、政治风云变幻，沿巴渝水系河道，滇黔文化、楚湘文化、中原文化、秦陇文化之间融合、交流、衍变，使巴渝地区文化呈现多姿多彩的多民族共存共生。

得益于水运的高度发达，自隋唐，重庆沿长江、嘉陵江、乌江及其支流的滨江地区，城镇星罗棋布并初具规模。至宋代，滨江城市伴随水上商品经济的迅猛发展，许多新的城镇完全因水运而生。据统计，宋代巴渝地区 188 个城镇中，包含水、汤、溪、池、江、浦、滩、津、川、源等名称的有 35 个。彼时，川东经济中心已集中在渝州（今重庆），正所谓“两江商贩，舟楫旁午”。至明清时期，巴渝水运又进入一个全新时代，重庆已是“商贾之往来，货泉之流行，沿溯而上下者，又不知几”，嘉陵江上“商贩溯嘉陵而上，马纲顺流而下”，两江水运一派繁荣昌盛景象。巴渝地区沿江历代置县及其分布区域如表 2-5-1 所示。

二、川江号子

关于巴渝地区的水上航运，有王维所赞“水国舟中市，山桥树杪行”的瑰丽壮观，亦有杜甫所记述的“峡中丈夫绝轻死，少在公门多在水”“小儿学问止论语，大儿结束随商旅”（《最能行》）等民风民俗。夔

表 2-5-1　巴渝地区沿江历代置县及其分布区域一览表

（资料来源：周勇．重庆通史[M]．重庆：重庆出版社，2002：108-109.）

时期	置县数量	置县位置		
		长江嘉陵江乌江干流	三江一级支流	三江二级支流
秦汉	8	江州、垫江、枳县、朐忍、鱼复、巫县、涪陵、平都、临江		
三国两晋	12	乐城、常安、汉平、汉复、南陵	汉葭、晋兴（青石）、羊渠、南浦、北井、泰昌（大昌）、汉丰	
南北朝	9	江州（江阳）、丹阳、武陵	魏安、鱼泉、梁山	垫江、新浦、巴渠
隋唐	28	丰都、万春（万寿）、武龙、洪杜	永安、乐温、温山、南川、隆化、三溪、遂宁、壁山、丹溪、永川、南宾、信宁、盈隆	石城（黔江）、赤水、隆龛、铜梁、巴川、南平、荣懿、扶欢、昌元、大足、静南
宋	3		龙渠、大宁	南平军
元（夏）	3	长寿	綦江	酉阳
明清	5	江北	安居、石柱厅	城口、秀山
民国	2	武隆	潼南	
合计	70	23	29	18

州男儿多重商业轻读书，富甲一方的商贾多做水上生意。有《夔州歌》为证：“蜀麻吴盐自古通，万斛之舟行若风。长年三老长歌里，白昼摊钱高浪中。”较之李白《蜀道难》中展示的陆路入川险阻，巴渝峡江流域虽艰险，但航运却更加发达且异常繁忙。回望历史，我们是否有过无数

次的灵魂拷问：数千年来，在两岸连山、重岩叠嶂的特殊地质地貌及沿溯阻绝的水文环境下，是谁在暗礁险滩林立的风口浪尖为“土船”护航？是谁保障了古代三峡水上交通成为我国中西部最重要的黄金水道？

有史见证的千年“土船”是三峡人征服险恶自然的杰作，也是历史时期三峡地区水路发达和畅通的印迹。而纤夫、纤道、号子，在延续几千年的“土船”航运史中，承载了川江航道人水和谐的主旋律。船工世代传承的劳动精神、吃苦精神、勇敢精神历经几千年，体现了巴渝儿女团结协作、战胜自我、坚忍不拔、无所畏惧的民族精神，并成为巴渝文化的特征符号。瞿塘峡纤道遗存如图 2-5-3 所示。

图 2-5-3　瞿塘峡纤道遗存

有研究表明，三峡纤道至汉代已有可考资料。纤道自白帝城出发，入巫山至鳊鱼溪约 97. 5 千米。据史书记载，东汉建武十一年(公元 35 年)，大司马吴汉由荆门溯长江入三峡、四川，征伐公孙述。大部队人马能够溯流而上，彼时三峡纤道已存在无疑。另据《巫山县志》考，三峡纤道分南岸段和北岸段，分别由巫山县城对岸达鳊鱼溪，由奉节草堂河口达巫山县，主要沿石崖峭壁凿成，也包括部分建于河滩的“纤道桥”。历史时期峡江水上航运异常繁荣。

“三尺白布四两麻，手抓石头脚蹬沙，一根竹绳铺石路，半头裤子汗湿哒！”自20世纪以来，川江号子的生命呐喊无数次被搬上国际舞台，使濒临消失的文化遗产撩开历史的面纱，追溯巴渝先民用绷紧的纤绳深深勒进岸边的礁石，劈波斩浪，诠释纤夫、纤道、号子对巴渝社会、经济、文化的发生发展，以及民族精神凝结的史诗意义。《印象武隆》演出纤夫的生命礼赞如图2-5-4所示。

图2-5-4 《印象武隆》演出纤夫的生命礼赞

据《后汉书·南蛮西南夷列传》记载，古代巴渝祖先的生活方式主要依靠土船。上古时期，部落首领的竞选首先要较量水上功夫，“约能浮者，当以为君”。彼时，巴渝先民一方面要面对水系中急流、险滩、漩涡等行船困难，另一方面造船技艺相对落后，在千年水运中，船工们创造了劈波斩浪、团结协作、人水和谐的船工号子，现今统称川江号子。这种一唱众和的劳动号子广泛流传于巴渝水系各干、支流，包括长江、金沙江、岷江、沱江、嘉陵江、乌江、渠江、涪江等。四川东部和重庆是川江号子的主要发源地和传承地。拉纤和过滩场景如图2-5-5、图2-5-6所示。

川江号子内容大多为反映沿江两岸地形地貌、水系水文、民风民俗及传说故事等。由于长江干、支流的水文地质、风俗习惯各异，且船只运行差别大，形成了不同艺术特征的上千种号子类型。传统川江号子的内容极其丰富，大致可以分为四类。

图 2-5-5　青滩拉纤场景

（1946 年《生活周刊》记者凯塞尔摄）

图 2-5-6　准备过滩

（1946 年《生活周刊》记者凯塞尔摄）

一是地貌号子。这类号子的歌词主要便于船工熟悉运输线路，起识别地形的作用。例如：

数滩

"朝天门"开船两条江，"大佛寺"落眼打一方；"茅溪桥"落眼"杨八滩"，"黑石子"落眼下"寸滩"；"张幺河"下"朱老滩"，到了"唐家沱"要点关；"大兴场"落眼"黄腊滩"，"猪鸭子"下"礁巴滩"；"野骡子"下"石滩"，"鱼嘴"下有"狮母滩"；"叶桥子"下是"剑滩"……

说重庆

大码头要数重庆城，开九门闭八门十七道门。朝天门水码头迎接圣旨，千厮门花包子雪白如银，临江门开木厂树料齐整，通远门锣鼓响在埋死人，南纪门菜蓝子涌进涌出，金紫门恰对着镇台衙门，储奇门卖药材治人疾病，太平门卖的是海味山珍，东水门白鹤亭香火旺盛，正对着真武山古庙凉亭。

其中，峡江流传最广，把从奉节到宜昌，三峡著名的险滩、暗礁、乡土风情描述得淋漓尽致的要数下面这首《摇橹号子》。

摇橹号子

夔府开头把艄出，臭盐碛摆八阵图。旱八阵，水八阵，生罗阵，死罗阵。碰到陆逊来破阵，他却破个死罗阵。燕窝石、两铁柱，粉壁墙、孟良梯，倒吊和尚半岩里。堆黑石，望黛溪，一声号子下猫溪。油榨碛，鲤拐滩，错开峡，在南岸。梭罗树，簪龙台，烧火佬对门升子岩。宝龙摆渡下马滩，红石梁，望巫山。巫山有个孤王沱，喊不得号子，打不得锣。龚家坊的猴子多，跳石的豆腐不下河。霸王杵，不算恶，金盔铁甲两面托。青石洞，两条河，推了大磨推小磨。孔明碑，黄石窝，不知不觉碚石过。鳊鱼溪，两交界，四川走到湖北来。棺材峡，冷水碛，楠木园里好猪蹄。楠木园里的猪蹄下得大，梁家棚的柚子赛朱砂，火焰石出的老南瓜。不知不觉出巫峡，官渡口新官把税查。西瀼口，万户沱，东瀼口的炭元子装过河……

木船自朝天门向下，穿行于峡江险滩之间，一路上船工们通过号子传达各种礁石、险滩信号，在团结协作中共闯难关。

二是劳动号子。这类号子歌词主要抒发船工战滩斗浪生活、劳动境遇及大无畏的精神境界。歌词勇武豪迈、气壮山河，但出生入死的巨大付出，伴随的是无尽的凄苦与煎熬。例如：

嘉陵号子

挤出档来拉船走，座座险滩在前头。“临江门”讨爪要累够，漏档打到“大溪沟”。“李子坝”下恶浪吼，“红岩嘴”是古渡头。“化龙”吓得猫儿抖，“石门”漕窄水更流。

白龙滩，不算滩

白龙滩，不算滩，捏起挠子使劲搬，千万不要打晃眼，努力闯过这一关，要把龙角来搬弯……龙虎滩，不算滩，我们力量大如天。要将猛虎牙拔掉，要把龙角来搬弯。哟嗬嗬……哟嗬嗬……一声号子我一身汗，一声号子我一身胆。

下滩

船过三峡呀，人心寒！哟嗬也，嗬哟嗬嗬，最怕是崆岭呀，鬼门关！一声的号子，我一身的汗！一声的号子，我一身的胆！三声号子又一滩，我的连手，哟嗬也嗬哟嗬嗬……

三是生活号子。这类号子歌词催人泪下，悲凉地表达了船工和拉纤人的生活艰辛及凄苦人生。例如：

一年四季滩上爬

打霜落雪把雨下，一年四季滩上爬；周身骨头累散架，爬岩跳坎眼睛花；谁要稍稍松口气，头脑打骂真凶煞；船工终年如牛马，不够糊口难养家。

船拉二死了没有埋

川江水，滚滚来，船工拉滩又跑岩。拖儿匠埋了没有死，船拉二死了没有埋。

死了喂鱼虾

日食河中水，夜宿沙坝中。妻守有夫寡，夫伏无罪法。吃的鬼魂食，穿的疤重疤。病了由天命，死了喂鱼虾。

悲愤、苍凉、无奈，这些号子歌词经年后拾起，仍然深感切肤之痛，催人泪下。

四是情歌号子。这类号子主要表达船工对美好生活，特别是爱情的憧憬与向往。例如：

二四八月天气长

二四八月天气长，情妹下河洗衣裳。清水洗来米汤浆，情哥穿起好赶场。今天出门好灵光，看到幺妹洗衣裳。手中拿根锤衣棒，活像一个孙二娘。

卷走桡片淹死郎

太阳落坡四山黄，情妹出来晾衣裳；衣裳搭在手腕上，手把竹竿哭一场："问你情妹哭啥子，别人有郎我无郎；只因去年发大水，卷走桡片淹死郎。

缠不上妹妹不收心

小河涨水大河清，打渔船儿向上拼；打不到鱼不收网，缠不上妹妹不收心。

这类号子诙谐幽默，极尽调侃，又暗含生活的悲苦心酸。

川江号子最早起源的年代已不可考，有船便有了船工、纤夫，随之便有了川江号子，上文所列举川江号子的产生年代也不相同，如所举劳动号子的歌词就出现在《唐诗鉴赏大辞典》中，而地名号子和情歌类号子歌词的产生年代则早晚不一，但若论起源应该远远早于唐代，这恰恰也反映出了川江号子产生于民间、流传于民间，是巴渝地区航运劳动者自发创造、主动传承的特色文化。2006 年 5 月 20 日，川江号子被列入第一批国家级非物质文化遗产名录，之后逐渐进入高校及中小学建立非物质文化遗产传承基地，使川江号子所代表的人水和谐智慧等民族精神永载史册、世代传承。

川江号子从巴渝历史的纵深处奔涌而出，船工们在江河岸边行船拉纤，一行就是几千年，铸就了巴渝水文化的千古绝唱。巴渝虽山高水险，然航运交通往来，不仅承担了地区之间的物资交流，也承载了巴渝历史上几次大的移民活动，对地区政治、经济、文化等都产生了深刻影响，使中原文化、巴渝文化、巴蜀文化、湘黔文化等多民族文化不断交融与创新，成为巴渝地区文化传承、社会进步的巨大推动力，也使巴渝文化呈现明显的移民文化印迹。巴渝文化中的礼仪祭祀、宗教信仰、风俗习惯、行为模式、语言文字、歌舞戏剧、建筑艺术等，无不充满多民族的文化传承和历史记忆。如建筑类型大量涌入，移民会馆广泛设置等。而巴渝地区的原始信仰，不仅受荆楚风俗影响，民间盛行信鬼神、重淫祀，并且在移民文化影响下，又与蜀地的道教、印度的佛教、西方多种宗教等文化信仰呈现多元并存的文化生态。

近代以来，西方文化自我国沿海城市登陆，溯长江而上。尽管比上海开埠晚了近半个世纪，近代重庆却是我国西部最早开放和开埠的地区。在这一过程中，重庆以开埠为契机，凭借川江航运繁荣始终与下江保持了开放的态势，并独具现代性特征。直至今天，从重庆主城区遗存的殖民风格的私家住宅、领事馆、教堂、银行等大量西方古典风格建筑中，依然可以一览彼时西方生活习惯及教育、宗教、工业、商业等多领域文化植入的历史影像。重庆大学理学院、南岸区慈云寺等大量中西合璧建筑，则仅展现了近代重庆中西文化交融的冰山一角。

三、绞滩护航

古代川江航道几乎完全处于非整治自然状态，各种滑坡、岩崩随时可能造成险滩。急流在险滩中卷起层层漩涡，即使平常水位下也可能将船摔得粉碎。历史时期，川江沿岸都建有文峰塔震慑兴风作浪的险滩漩涡，但灾害仍不期而至。彼时的船工完全受制于大自然，稍有不慎，生命瞬间即逝。每逢恶劣气候，船工只能“扎滩”（停留在滩下）等候上滩的机会。如唐代诗人李白《上三峡》所云：“三朝上黄牛，三暮行太迟。三朝又三暮，不觉鬓成丝。”有资料记载，唐乾宁年间，朝廷命官李峣赴荆州履职，至奉节遭遇江上洪水暴涨。为不负皇命，李峣一行冒险出航。结果，未待夔州太守刘昌美等送别的队伍散去，李峣一家及全船 120 人尽皆被巨大的漩涡吞噬。

至南唐升元七年（公元 943 年），有湖北秭归县令首次对三峡航道中的青滩进行疏浚、开凿。此后，人们世代相传，不断改革上滩方法，以提高水运效率和减少伤亡。有史料可考，清康熙五年（公元 1666 年）长江湖北秭归县水域境内首次设置救生“红船”。清雍正六年（公元 1728 年），长江重庆奉节水域内的滟滪堆、青岩、小黑石等著名险滩曾经配置救生船，以及水手、桡夫等。至清代中期，川江航道各险滩均配置了巡防船、救生船，以及水手、桡夫。

由于水文地质与航运技术限制，1923 年以前，川江航道常年可通航仅限于木船。轮船因无助航设备，仅每年 4、5 月和 11 月汛期方可通航。历史时期,木船溯流非拉纤不能过险滩。若重载过滩或洪水季节,需雇用专门的“拉滩”滩夫,并由此产生了“滩头”“滩师”等职业,而帮忙牵引船只的“拉滩”活动也被称之为“绞滩”。据记载,清光绪二十二年(公元1896)年,英国“利川号”蒸汽轮船溯江入渝,在云阳兴隆滩曾雇用300余名纤夫拉纤过滩。后来,人们又发明了“纤桩”,纤绳可直接固定在“纤桩”上,起到固定和防滑的作用,类似于人力绞滩机(见图2-5-7)。这也许可以被看成川江绞滩站的雏形。

图2-5-7　人力绞滩机

1935年5月,蒋介石准备迁都重庆,拟取道长江水路自南京抵重庆。为解决长江三峡航运难关,同年9月,蒋介石下令交通部组建川江打滩委员会。接下来的两年时间,川江打滩委员会陆续对崆岭、青滩、柴盘子、导流堤等三峡航道中的重点险滩开展了整治。1937年,抗战全面爆发后,国内重大战略物资须从上海、南京、汉口等地运往四川。从宜昌到重庆的650千米峡江航线,成为国家生死存亡的生命线。1938年,上海、南京、九江相继轮陷,峡江绞滩已经与中华民族的命运紧紧相连。沿江的船工与滩夫置个人安危于不顾,齐心协力、同仇敌忾,在日寇飞机轰炸下全力协助政府建设峡江绞滩站。1938年10月,武汉沦陷后,20万吨物资和10万入川人员抵达湖北宜昌,时至川江航道临近枯水季节,大轮船可航行期仅40天左右。另外,战争时期纤夫奇缺,按照人工拉纤历史时期5 000吨每月运力,人员和大批物资都可能覆没于日寇之手。彼时,法国、英国等外国轮船公司哄抬运费2 ~3倍。在生死一线的危难时刻,民族实业家卢作孚先生(见图2-5-8)的民生轮船公司提出“分段转运法”,获得长江航政局采纳。民生公司的22艘江轮在长江航政局组织的1 200艘民船配合下，顺利完成人员、物资向大后方重庆的转移，史称中国的“敦刻尔克大撤退”。1938年11月初至12月底，泄滩、庙基子、牛口滩、兴隆滩、东洋子、滚子角、癞洞滩等第一批峡江绞滩站火速建立。

图2-5-8　民族实业家卢作孚先生(1893—1952年)

中华人民共和国成立后，国家加大治理急流险滩，逐渐实现机械化作业，并根据不同水文地质情况，对“青滩”等枯水急滩区分不同水位设置了绞滩站和助拖船。20世纪50年代青滩的人力绞滩如图2-5-9所示。长江上游绞滩(助拖)基本情况如表2-5-2所示。

图2-5-9　20世纪50年代青滩的人力绞滩

表 2-5-2　长江上游绞滩(助拖)基本情况一览表

滩区名称	航道里程(千米)	绞滩(助拖)船名	绞滩(助拖)水位	年均绞滩(助拖)天数(天)	日均绞滩(助拖)量(吨)
油榨破	191.8	绞 7#、机接 207	9 米以下(玉兔岩水位)	205	18
铁滩	196.8	绞 17#、机接 203	5.5 米以下(玉兔岩水位)	164	15
黑石滩	199.2	渝道 1279	24~30 米(玉兔岩水位)	28	5
篱竿滩	226.4	绞 17#、机接 203	9 米以上(关刀峡水位)	148	4
喇叭滩	231.0	渝道 2402	8 米以下(关刀峡水位)	190	12
黄石嘴	235.1	绞 13#、机接 205	10 米以上(关刀峡水位)	160	10
二道溪	243.0	绞 13#、机接 205	8 米以下(三块石水位)	192	16
小庙基	252.3	绞 16#,渝道 1212	3 米以下(三块石水位)	71	14
大庙基	255.2	机接 206	15 米以下(三块石水位)	232	5
东洋子	261.3	绞 14#、机接 208	10 米以下(晒金石水位)	182	23
鸡扒子	270.5	机接 208	12 米以上(云阳水位)	78	4
马口子	280.0	机接 201	5 米以下(云阳水位)	117	8
狐滩	347.4	绞 18#、机接 202	6 米以下(将军岩水位)	131	11

进入 21 世纪,以拉纤作为谋生手段的三峡纤夫行业终于退出历史舞台。伴随三峡工程的胜利竣工,古老的峡江也进入了崭新的历史发展时期。

第三节　“双鱼”文化生态

原始的水文观测活动历史悠久。中国与古埃及、古巴比伦等分别在黄河、长江，尼罗河，幼发拉底河、底格里斯河等流域水系，留下了人类最早开展水文地质观测并广泛运用于生产和生活的记载。如：《尚书·益稷》有云“（禹）予乘四载，随山刊木”，《史记·夏本纪》曰禹“左准绳，右规矩”，《水经注》记录了黄河相关水文题刻等。巴渝长江干流重庆至宜昌段两岸崖壁，至今保存着公元1153—1870年的6次特大洪水的114处最高水位石刻。特别是重庆涪陵区的白鹤梁（见图2-5-10）更早自公元764年，以石鱼雕刻图形记载长江最枯水位。至20世纪40年代共有72个年份163条历史枯水题刻记载。白鹤梁题刻为代表的长江三峡地区水文石刻群，以石鱼为水位基准点、以雕刻文字或数字标明历史水位与石鱼标准点尺度关系，将中国传统文化与水文地质勘测有机融合，对研究长江中上游地区人文、生态、水利等情况均独具重要的历史价值、科学价值和艺术价值，被联合国教科文组织誉为“保存完好的世界唯一古代水文站”。

图2-5-10　横卧长江中的白鹤梁

一、民间传说

白鹤梁古称巴子梁，又称白鹤滩。巴子梁的得名源于涪陵曾是巴国重要城邦和国都。《华阳国志·巴志》有“巴王陵墓多在枳（涪陵）”的记载，按古人“葬不离乡”的传统习俗，可见王陵附近当是巴国的重要城邦。关于白鹤滩的称谓有很多典籍文献记载。如《水经注》云："白鹤滩，尔朱真人修炼于此，后乘鹤仙去。"南宋祝穆《方舆胜览》云："（涪）州西一里白鹤滩，尔朱真人冲举之处。"清同治版《重修涪州志》载曰："尔朱真人浮江而下，渔人有白石者举网得之，击磬方醒，遂于梁前修炼，后乘鹤仙去，故名。"

白鹤梁，这个诗意的名字，因沿岸梁上"集鹤无数"和北魏尔朱真人乘白鹤修仙飞升传说得名。相传"蜀之八仙"北魏尔朱真人（朱通微），云游四方，炼丹售市。某天，遇合州太守求长生不老仙丹，尔朱真人故意出高价意欲不卖，太守一怒之下，将其囚于竹笼，抛入湍急的江流中。然竹笼并未沉没，且随波逐流至涪州白鹤滩。石梁之上捕鱼者，起网见竹笼，正值尔朱真人酣睡笼中。渔人击磬呼唤，笼中人方才苏醒，后二人遂结成至交。渔翁轻舟布网，道人炼丹修行，各得其趣。闲则曲膝对饮，倦则揽江入梦。一日，尔朱真人取仙丹与渔人佐酒畅饮，酒后二人大醉。待渔人醒来，尔朱真人已乘白鹤飞升。之后，常有白鹤翔集于石梁，白鹤梁由此得名。而"白鹤梁"三字镌刻于梁，已至清代光绪辛巳年间。清代孙海题"白鹤梁"如图 2-5-11 所示。

图 2-5-11 （清）孙海题"白鹤梁"

不仅如此，白鹤梁也因石鱼题刻著名，有"涪陵石鱼"之称。据北宋《太平寰宇记》载："开宝四年，黔南上言：江心有石鱼见。上有古记云:广德元年二月,大江水退,石鱼见……”又有南宋地理总志《舆地胜志》曰:“在涪陵县下,江心有双鱼,刻石上……”上述著作均未有“白鹤梁”的直接记载,“涪陵石鱼”应是它的另一个称谓。

二、水下碑林

今天的碑刻石碣均立于地面之上,只有白鹤梁隐于水下,难道是神仙所为?据相关考证,长江水位于唐代前极低,历史时期的白鹤梁是一堵袒露水面的长石梁,每有船只经过,乘客大多在此歇息,上岸观赏风景,亦吟诗作赋。尤其是时逢石鱼出水胜景,更是有众多地方官绅、文人雅士、寻常百姓舟楫往来不绝,并喜而记之,刻于石上。其中不乏像黄庭坚、朱熹、王士祯这样的名师大家。年复一年,题刻不断累积。至南宋,“拂石已无题字处”,白鹤梁题刻(见图 2-5-12)亦闻名于世。

图 2-5-12　白鹤梁题刻

白鹤梁题刻是长江三峡的著名景观之一。现存的石梁题刻集中于倾斜 14.5°的北坡,主要分布在长约 220 米的中段石梁上。相关题刻历时 1 200 年，起于唐广德元年（公元 763 年），止于涪陵文化馆 1963 年 2 月 15 日最后题刻落笔。内容涉及石鱼出水与枯水程度、丰年预测的关系，以及围观者题名或发表感言等。有史料可考的题刻合计文字 12 000 字，石鱼 14 组 18 尾，其他图像雕刻 3 幅，文字题刻 187 则。作者包括本地、途经或旅居的官宦、文人、商贾、贤达和科技俊杰，有可考者 300 余人，其中不乏众多历史名人。如黄庭坚、晁公道、黄寿、朱昂、吴革、刘甲、庞公孙、王士祯等，荟萃“颜、柳、赵、苏、楷、隶、篆、行、草”各体书法于一梁。北宋大书法家黄庭坚题写的“元符庚辰涪翁来”，更是令人叹为观止，如图 2-5-13。其他题记如图 2-5-14、图 2-5-15 所示。

图 2-5-13　北宋书法家黄庭坚题写的“元符庚辰涪翁来”

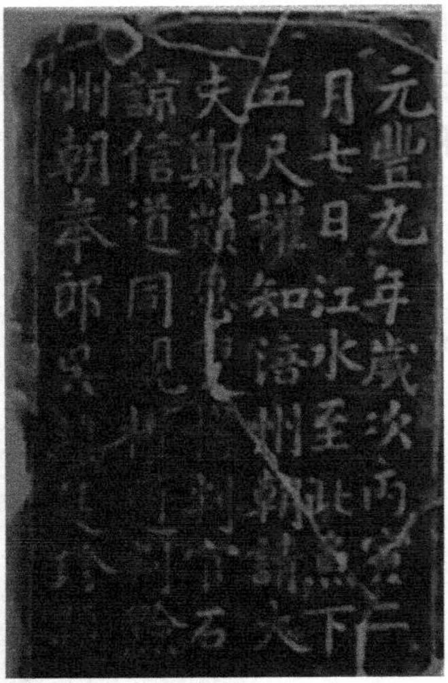

图 2-5-14　北宋吴缜题记

上述题刻中，直接与水文相关的有 108 段，具有水文意义的“石鱼”18 尾（立体浮雕 1 尾、浅浮雕 2 尾、平面线雕 15 尾），用于水文观测标志的石刻鱼 3 尾。由于白鹤梁较低的特殊地理位置，使梁的屋脊顶部仅高出当地最低水位标尺 0.2 米，日常多隐没于江水之中。且水位变动幅度大、冲刷力强，岩石侵蚀风化严重，历代题刻毁损严重。现存题刻仅有 175 则，石鱼 14 组 18 尾。又由于三峡工程的兴建，为了保护

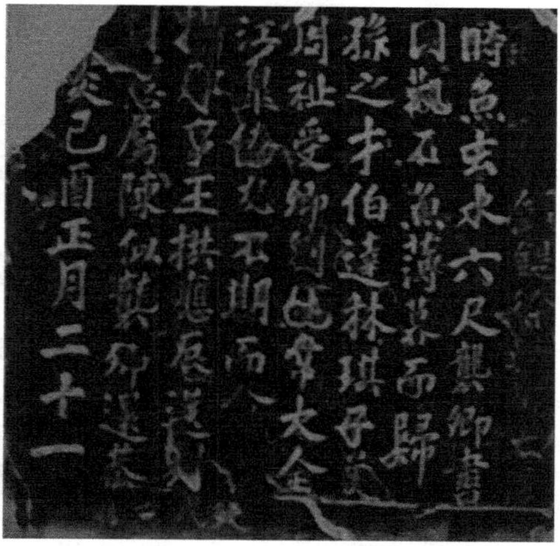

图 2-5-15　南宋陈似题记

已经脱离石梁梁体的题刻，展示被封护在水下的题刻，现仍存于水下的题刻还有 160 则（水文题刻共 82 则），可辨识文字约 11 000 字，石鱼 16 尾 11 组（水文石鱼水标 2 组 3 尾）。

《李宽观石鱼记》有云："钜卿骚人墨客，悉皆有诗有记，银钩铁画，瑗章玉句，隐江波之中，历数千载而不磨灭，盖天地间一奇迹也。"因题刻多在石鱼水标附近，形成了以石鱼水标为中心的题刻群，故有"世界水下碑林"的美誉。在这个珍贵的水下世界，石鱼周围拥有唐代以来 1 200 年的 72 个年份的枯水资料记录，28 次低于枯水水位线。从长江干流多年的水文实测表明，长江最枯水位出现周期约为 10 年，与石鱼的记录颇为吻合。1953 年、1963 年、1973 年，白鹤梁上的石鱼 3 次露出水面，而这几年当地也都大获丰收，因而民间有"石鱼出水兆丰年"之佳话。相关千年水文记载，堪称中国古代不可移动的实物水文档案库。石鱼题刻对研究长江中上游的枯水规律、航运及生产设置等都有重大的史料价值。白鹤梁题刻位置如图 2-5-16所示，冬季枯水期时白鹤梁上显露出的鱼形图纹如图 2-5-17所示。

三、石鱼题刻

白鹤梁古代水文站为什么以"石鱼"作为枯水标志？古人在白鹤梁上镌刻双鱼作为水文标志记录长江枯水水位，除了"鱼"与"余"谐音，"有鱼"寓意"有余"的美好愿望，更体现了巴渝水文化对"鱼"的图腾崇拜，以及儒释道三教合一的深厚传统文化内涵。

石鱼题刻出现在长江白鹤梁上，与涪陵（古巴国都城之一）的自然

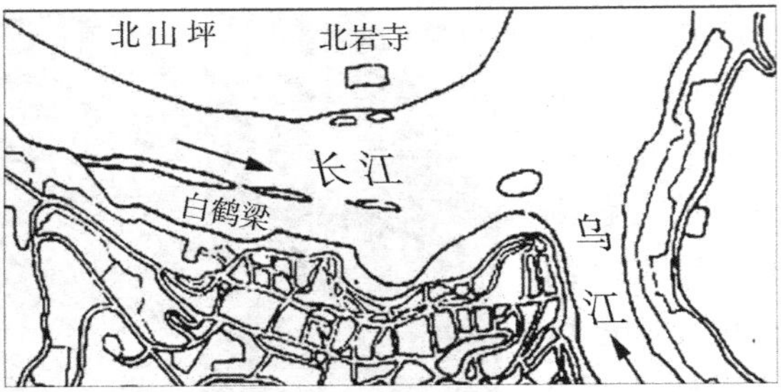

图 2-5-16　白鹤梁题刻位置图

图 2-5-17　冬季枯水期时白鹤梁上显露出的鱼形图纹

环境、文化环境和人文环境有着千丝万缕的联系。石梁上最古老的两尾石鱼,刻于何年何月,“盖因岁久剥落,几不可问”,具体时间已无法考证。但据记载在唐广德甲辰(公元 764 年)春江水退,出现了古人所镌石鱼两枚则可以证实白鹤梁上最早的石鱼应是唐代或唐代以前的“古人”所镌刻。另就巴蜀经济文化和社会发展而言,这两尾古石鱼刻的时期,巴蜀境内大致安定,相对富庶。古涪州人杰地灵,人文景观颇丰,文人雅士亦多,受巴文化影响颇深,也可以肯定早已有人登临白鹤梁并刻下石鱼。

白鹤梁上最早所刻石鱼为何被称为“唐鱼”？由于唐代发现了“两枚石鱼”的记载，宋代以来，人们多误认为白鹤梁上最早的石鱼为唐人所刻，并称之为“唐鱼”。之后，人们对两尾石鱼又多以“双鲤”相称。但为避“国讳”，“双鲤”变成了“双鱼”或者“唐鱼”。唐代以后，鲤鱼的名讳就又恢复了本来的称呼。

关于石鱼的记载颇多。北宋刘忠顺题刻描述，唐代石鱼“七十二鳞波底镌，一衔蓂草一衔莲”，另有题记称，双鱼旁还刻有一秤一斗，“秤斗出则年丰”。南宋宝祐二年（公元 1254 年）涪州代理郡守刘叔子等题咏中指出“衔尾洋洋石上镌，或依于藻或依莲”。又据清代姚觐元《涪州石鱼文字所见录》记载：“涪州大江有石梁，长数十丈，上刻双鱼，一鱼三十六鳞，一衔真叶，一衔莲花，或三、五年，或十余年一出，出必丰年，名曰‘石鱼’。”这在《太平寰宇记》《舆地记胜》和《涪州志》等文献上，均有大同小异的记载。现存于世的“双鱼”口衔莲花，雌雄溯江翔游，乃仿照唐鱼重刻于清康熙二十四年（公元 1685 年），而原有“唐鱼”仅在“双鱼”间留存了模糊的鱼头，如图 2-5-18 所示。

图 2-5-18　唐代石鱼（重刻双鱼）

白鹤梁石鱼每尾雕刻三十六鳞，寓意深厚。据唐段成式《酉阳杂俎·鳞介篇》称："鳞，脊中鳞一道，每鳞有小黑点，大小皆有三十六鳞。"因此，古人以"三十六鳞"作为鲤鱼的别称。石刻之鱼除表明它是鲤鱼之外，还有"三十六霖"之意，表达古人祈求风调雨顺之愿。三十六霖即三十六雨，即每年十日一雨，一年下雨三十六次。宋李石《续博物志》曾有记载："太平之时，十日一雨，一岁三十六雨。"两枚石鱼共七十二鳞，代表七十二候，每五日一候，也就是五日刮一次风，一年刮风七十二次，即所谓"五风十雨"、风调雨顺。早在汉代，王充《论衡》亦载："风不鸣条，雨不破块，五日一风，十日一雨。"

在佛教文化中，莲花是能够消除人间疾苦的圣洁之花。莲花是佛教的重要宗教符号和信徒的吉祥物，普通的鱼不可能嘴中含有这种具有神性意义的植物。魏晋与唐代的器物、雕饰、佛像几乎都佐以莲花纹饰。佛教在东汉时传入三峡地区，唐玄宗、唐僖宗入蜀避乱，为佛教在巴蜀地区的传播产生了积极影响。"石鱼"口衔莲花，正是这种文化影响的印证。而石鱼"一衔蓂草"，与道教早在东汉末年传入三峡地区，并至唐宋时期兴盛显著相关。

与此同时，"易学在蜀"，万民受用。古人镌刻双鱼作为水文标记，也与历史上巴蜀地区易学氛围浓厚息息相关。两尾古石鱼一雄一雌，从易学观点上看是雌雄即阴阳，"一阴一阳谓之道"，雌雄相遇，阴阳相济。白鹤梁上的双鲤石刻，与易学中太极图上的阴阳鱼神似。此外，石鱼并非随意雕刻，而是按照《易经》确定它的位置和量度。明代涪州学者、诗人张楫的《白鹤梁·石鱼》诗云："江石有双鳞，浮沉验丰岁。隐微宜自规，凶乐正相系。古人为此镌，览者发长喟。鱼格符《易》占，《中孚》自有济。"诗中明确指出白鹤梁上所刻的"双鳞(鱼)"，符合《易》理，特别是完全符合《易经》六十四卦中第六十一卦"中孚"卦的本意。

北宋哲学家程颐在谪居涪州时点注《易经》的地方，就选在与白鹤梁石鱼题刻山水相依而又相对的一个中轴线上。园内岩壁人工开凿的"点易洞"，与白鹤梁石鱼题刻南北正对，也正是易文化的突出体现。白鹤梁的文字题刻多有记载"双鱼"与《易经》的密切关系，阐释"双鱼"的易理。故当地百姓也才有了"石鱼出水兆丰年"的预言，《涪州志》也有"石鱼能预测年岁丰歉"的记载。

关于长江枯水位的记载，重庆有丰年碑、江津有莲花石、酉阳有龙脊石、奉节有白帝城，但以涪陵白鹤梁的记录最为完整。白鹤梁上"唐代石鱼水标"的鱼眼高程与英国人 1865 年所设立的第一根长江水尺——武汉江汉关水文站水尺的零点相当，但白鹤梁石鱼的水位标尺早了 1 102 年。因此，享有"世界第一古代水文站"之誉。白鹤梁石鱼题刻枯水水位比较如图 2-5-19 所示。

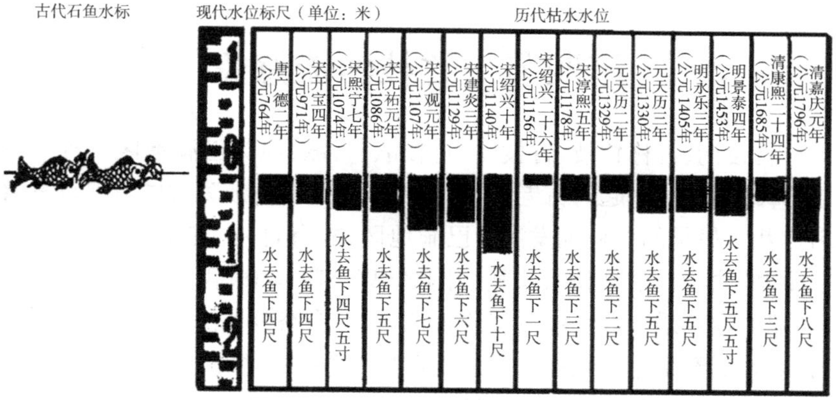

图 2-5-19　白鹤梁石鱼题刻枯水水位比较图

（资料来源：白鹤梁水下博物馆）

据史料记载，最早将"石鱼出水"作为年岁丰歉、收成好坏征兆的是唐代宗广德元年（公元 763 年）的涪州刺史郑令珪。现存最早的题刻北宋开宝四年（公元 971 年）的《水位题记》记载，"广德元年（公元 763 年）春二月岁次甲辰，江水退，石鱼出见，下去水四尺。问古老，咸云：江水退，石鱼见，即年丰稔……"。白鹤梁上 40% 的题刻明确将"石鱼出水"与年岁丰凶紧密联系的，题刻中多称之为"丰稔""丰年""丰登""年丰可占"等。白鹤梁石鱼题刻记录了长江历史上的枯水水位，也间接记录了涪陵地区近千年的气候变化。白鹤梁枯、丰水期水位比较如图 2-5-20 所示。

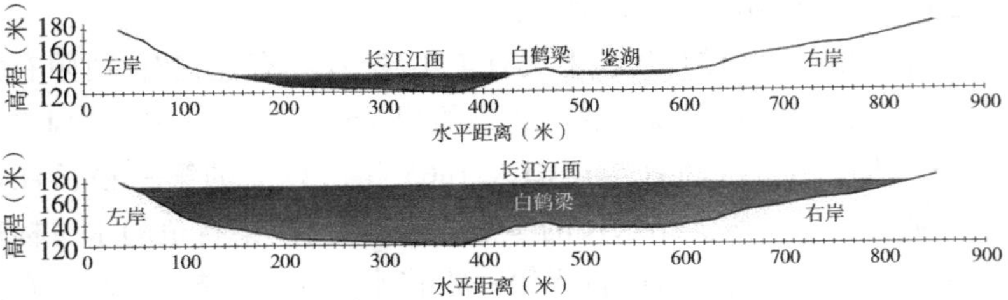

图 2-5-20　白鹤梁枯、丰水期水位比较（资料来源：白鹤梁水下博物馆）

第四节　竹枝河流意象

竹枝词，古称竹枝、竹枝曲、竹枝歌、竹歌，原为巴渝地区一种与音乐、舞蹈结合在一起的古老民歌，后不断流传演变成为我国古典诗歌著名体裁。最早的竹枝词发源于巴渝地区，故有竹枝“先本巴渝俚音，夷歌番舞”之说。唐代诗人张籍《相和歌辞·贾客乐》载：“金陵向西贾客多，船中生长乐风波。欲发移船近江口，船头祭神各浇酒。停杯共说远行期，入蜀经蛮远别离……”随着商业的繁荣和发展，巴蜀竹枝词通过水上贸易和行船巴人，自巴渝地区沿长江流域向西传至蜀地，向东经过三峡地区，传至两湖之地，再向东南流传于江南，向北则更传至唐王朝“西京”——长安，并于约公元 280 年左右的魏、晋时期，收入乐府。至公元 805 年左右的唐代中期，竹枝词盛行于世。彼时，许多著名诗人如刘禹锡、白居易、顾况等均有相关竹枝词问世。正统的诗歌领域渐渐吸纳民间流行的竹枝词，作为诗歌体裁的一支流传至今。

传统竹枝词在巴渝地区，从产生地域与内容到流传路径与方式等，无不镌刻水文化印迹。至宋代以后，竹枝词遍布全国，且有水域的地方均有竹枝词。冯其庸先生曾经为《竹枝词碑园》写序文：“巴渝竹枝词，诗之国风，词之九歌也。昔仲尼删诗而存国风，屈原作辞而定九歌。故知圣人重俚言而辞祖珍乡音也。”他将《诗经》中的国风、《楚辞》中的九歌与巴渝竹枝词相提并论。并且认为，孔子和屈原在编写《诗经》与《楚辞》的时候，都极重视“俚言”“乡音”这种具有地方文艺特色的语言。这一论述既点出了竹枝词的地位，也高度评价了唐代文学家刘禹锡对竹枝词的巨大贡献。

竹枝词在唐代具有独特的民俗特征和地方特色。它产生于三峡地区，尤以夔州为代表，刘禹锡在民间竹枝词的基础上，书写了流传千古的竹枝词代表作《竹枝词九首》：

（一）

白帝城头春草生，
白盐山下蜀江清。
南人上来歌一曲，
北人莫上动乡情。

（二）

山桃红花满上头，
蜀江春水拍山流。
花红易衰似郎意，
水流无限似侬愁。

（三）

江上朱楼新雨晴，
瀼西春水縠文生。
桥东桥西好杨柳，
人来人去唱歌行。

（四）

日出三竿春雾消，
江头蜀客驻兰桡。
凭寄狂夫书一纸，
家住成都万里桥。

（五）

两岸山花似雪开，
家家春酒满银杯。
昭君坊中多女伴，
永安宫外踏青来。

（六）

城西门前滟滪堆，
年年波浪不能摧。
懊恼人心不如石，
少时东去复西来。

（七）

瞿塘嘈嘈十二滩，
此中道路古来难。
长恨人心不如水，
等闲平地起波澜。

（八）

巫峡苍苍烟雨时，
清猿啼在最高枝。
个里愁人肠自断，
由来不是此声悲。

（九）

山上层层桃李花，
云间烟火是人家。
银钏金钗来负水，
长刀短笠去烧畲。

刘禹锡为《竹枝词(九首)》序言:“四方之歌,异音而同乐。岁正月,余来建平。里中儿联歌《竹枝》,吹短笛,击鼓以赴节。歌者扬袂睢舞,以曲多为贤。聆其音,中黄钟之羽,其卒章激讦如吴声。虽伧儜不可分,而含思宛转,有《淇奥》之艳。昔屈原居沅湘间,其民迎神,词多鄙陋,乃为作《九歌》,到于今,荆楚鼓舞之。故余亦作《竹枝词》九篇,俾善歌者飏之,附于末,后之聆巴歈,知变风之自焉。”竹枝词成为诗坛新诗体,刘禹锡在其中起了关键性作用,他临摹民间竹枝词,自创全新“竹枝词”,以其全新的婉转清雅步入中国诗坛,引发众多文人雅士追捧和创作。其中,著名诗人白居易亦创作著名《竹枝词(四首)》,以传后世:

(一)

瞿塘峡口水烟低,
白帝城头月向西。
唱到竹枝声咽处,
寒猿闇鸟一时啼。

(二)

竹枝苦怨怨何人,
夜静山空歇又闻。
蛮儿巴女齐声唱,
愁杀江楼病使君。

(三)

巴东船舫上巴西,
波面风生雨脚齐。
水蓼冷花红簇簇,
江篱湿叶碧凄凄。

（四）

江畔谁人唱竹枝，
前声断咽后声迟。
怪来调苦缘词苦，
多是通州司马诗。

竹枝词渐登唐代文人雅士的诗坛一隅，民间传承亦生生不息，十分活跃。如至宋代，有著名诗人、书法家黄庭坚作《木兰花令》：

黔中士女游晴昼，
花信轻寒罗袖透。
争寻穿石道宜男，
更买江鱼双贯柳。
竹枝歌好移船就，
依倚风光垂翠袖。
满倾芦酒指谐围，
相守与郎如许寿。

据赵贵林所著《三峡竹枝词》记载，自唐代以来，巴渝地区的竹枝词，有记载并可考的著作中，共有16篇79首描绘了夔州、夔府，有唐代诗人杜甫于夔州作竹枝词《夔州歌（十首）》，宋代著名诗人范成大在夔州作《夔州竹枝歌（九首）》等。例如：

滟滪如幞瞿唐深，
鱼复阵图江水心。
大昌盐船出巫峡，
十日溯流无信音。

歌词生动描述了夔州瞿塘峡深、险的水文地理，以及巴渝航运的艰辛。

位于瞿塘峡口白帝山上的白帝城，以及峡江上著名的风景胜地巫峡等，因山水一色、气象万千，上古传说流连期间，亦多留有文人墨客著名的竹枝词作品，诗坛名流李白、杜甫、陆游、王安石等均留下千古绝唱。如王安石所书《巫峡》：

神女音容讵可求，
青山回抱楚宫楼。
朝朝暮暮空云雨，
不尽襄王万古愁。

唐代李涉所作《竹枝词》云：

（一）

荆门滩急水潺潺，两岸猿啼烟满山。
渡头少年应官去，月落西陵望不还。

（二）

巫峡云开神女祠，绿潭红树影参差。
不劳戍口初相问，无义滩头剩别离。

（三）

石壁千重树万重，白云斜掩碧芙蓉。
昭君溪上年年月，偏照婵娟色最浓。

（四）

十二峰头月欲低，空聆滩上子规啼。
孤舟一夜东归客，泣向东风忆建溪。

从唐代至近代，巴渝竹枝词多记载关于巴渝地区风景名胜、神话传说、民俗风情、男女爱情等，它以题材内容的丰富性而独得“风俗诗”之称。它承载的巴渝水意象，不仅仅是一种文学现象，更具有突出的民族文化意蕴。

参考文献

[1]满黎，杨亭．巴盐古道名称考辨[J]．重庆文理学院学报（社会科学版），2014，33（6）：141-144.

[2]千年路漫漫——川盐古道网络漫谈[J]. 中国公路,2013(19):130-133.
[3]王子今. 明人竹枝词中有关“巴盐”的信息[J]. 盐业史研究,2008(3):44-47.
[4]程龙刚,邓军. 川盐古道的路线分布、历史作用及遗产构成——基于2014—2015年的实地考察[J]. 扬州大学学报(人文社会科学版),2016,20(4):67-74.
[5]满黎,杨亭. 消失的背夫:对巴盐古道盐运主体的人类学考察[J]. 四川理工学院学报(社会科学版),2014,29(2):18-23.
[6]秦素粉,蒋涛. 千年长江水运的印迹——纤夫石[J]. 兰台世界,2014(18):146-147.
[7]秦素粉,蒋涛. 抗战时期川江绞滩行业发展的历史追溯[J]. 华北水利水电大学学报(社会科学版),2017,33(2):32-34,41.
[8]秦素粉,蒋涛. 论巫山神女传说中的水文化[J]. 长江大学学报(社科版),2014,37(11):11-13.
[9]曾超. 白鹤梁题刻数及题刻收录考察[J]. 三峡大学学报(人文社会科学版),2014(1):16-24.
[10]孙华,陈元棪. 白鹤梁题刻的历史和价值[J]. 四川文物,2014(1):44-53,79.
[11]武仙竹,邹后曦,黄海. 白鹤梁石鱼考[J]. 中国国家博物馆馆刊,2012(10):39-50.
[12]黄秀陵. 涪陵白鹤梁唐代石鱼与周易文化[J]. 四川文物,2004(2):60-64.
[13]杨宝衡. 涪陵白鹤梁的形成、发展与保护[J]. 人民长江,1998(3):22-24.
[14]曾超. 白鹤梁题刻易学文化考察[J]. 重庆师范大学学报(哲学社会科学版),2015(4):5-13.
[15]丁祖春,王熙祥. 涪陵白鹤梁石鱼和题刻研究[J]. 四川文物,1985(2):20-26.
[16]冉毅. 宗教与历史的积淀——白鹤梁“石鱼”形象初探[J]. 大众文艺,2013(5):110-111.
[17]李金荣. 涪陵白鹤梁题刻“元符庚辰涪翁来”考辨[J]. 重庆社会科学,2006(5):62-65,73.
[18]唐兰妹. 巴蜀竹枝词的文化研究[D]. 恩施:湖北民族学院,2017.
[19]黄贤忠. 巴渝竹枝词内涵三论[J]. 湖北民族学院学报(哲学社会科学版),2016,34(6):113-117,127.
[20]周丽. 巴文化视觉符号探析[J]. 成都大学学报(社会科学版),2016(5):90-93.

[21]胡显斌,范本祁．巫、武、舞:摆手舞文化构成的三个维面[J]．北京舞蹈学院学报,2014(5):97-100.

[22]金自艳,刘自新．土家族竹枝词中的水意象[J]．文学教育(下),2013(4):15-17.

[23]周建军．竹枝词所透露的巴渝历史文化和民族迁徙融合信息[J]．区域文化与文学研究集刊,2012:229-243.

[24]孙杰．竹枝词发展史[D]．上海:复旦大学,2012.

[25]邓洪强,官婷美．从《全唐诗》看唐代巴渝竹枝词的流传地域及传播方式[J]．西南农业大学学报(社会科学版),2011,9(1):131-134.

[26]万媛媛．重庆饮食文化与城市形象塑造——基于“巴渝文化”视角[J]．重庆科技学院学报(社会科学版),2016(6):91-93,103.

[27]魏晓芳．三峡人居环境文化地理变迁研究[D]．重庆:重庆大学,2013.

[28]宋尾．火锅:最重庆的水码头文化[J]．中国三峡,2012(4):49-53.

[29]周勇．重庆通史[M]．重庆:重庆出版社,2002:303.

[30]王乃芳,程得中．浅论唐代三峡诗歌中的巴渝水文化[J]．长江师范学院学报,2017,33(5):36-40.

[31]程析．探析巴渝文化之魂——川江号子[J]．中华文化论坛,2016(3):125-128.

[32]黄明光,蒋玲玲．民间号子的分类及历史与艺术价值探究[J]．连云港职业技术学院学报,2013,26(2):47-51.

[33]杨荔．巴渝舞与竹枝(巴渝歌)的区别探析[J]．前沿,2011(6):152-154.

[34]李和平．重庆历史建成环境保护研究[D]．重庆:重庆大学,2004.

[35]蓝勇．历史时期四川居民个性特征的地理分区及演变研究[J]．中国历史地理论丛,1996(3):222-239.

[36]杨艳．《大江传歌》:与川江号子来一次真实的航行[J]．重庆与世界,2020(9):80-83.

[37]陈国威．民族音乐的交响化——大型原创交响音乐会《乡音乡情》评析[J]．四川戏剧,2019(1):155-157.

第六章 文明交汇

相关研究表明：地处巴渝的巫溪地区有文字记载的人类活动可追溯至5 000多年前，是中国巫文化的发源地之一。屈原《离骚》有云："名余曰正则兮，字余曰靈均。"其中，"靈均"的"靈"与"巫"相通。上古时期，不仅巴文化信巫，华夏大地都崇巫。但无独有偶，在中国以外的地区，巫术同样存在，且可能与巴渝之"巫"有某种联系。历史时期，在信巫崇巫并拥有丰富盐泉和水域资源的巴渝地区，其"巴盐古道"影响范围不仅仅局限于华夏大地，更是扩展至东南亚地区。而由于拥有独特水环境防御体系，更使巴渝重庆这个山水内陆城市因钓鱼城之战（合州之战），在世界历史上留下浓墨重彩的一笔。

第一节 "十巫"与世界巫文化

关于巫文化崇拜，有史可考的不仅仅限于中国或少数地区，公元前世界各文明古国巫术盛行。如著名的美洲印地安人，历来拥有尚巫的传统。据相关研究证明，殖民时期印地安人所表达的艺术实际上正是以巫术为内核的宗教，其要旨在于对神祇的膜拜。在人类历史进程中，巫术及相关巫文化对文明的产生与发展具有深远的影响。英国"人类学之父"泰勒指出："巫师一般从事他那历史悠久的光荣职业时，十分虔诚，并且自始至终都多少保留着对这种职业的信仰。"并定义巫为："巫术是建立在联想之上而以人类智慧为基础的一种能力。"

在巴渝大地的上古时代，以今重庆市巫溪宝源山为核心地区驻足的"灵山十巫"，以巫咸为首领，创造了以盐文化、药文化为主要内容，以占卜术和占星术为主要方式的巫文化。据相关巴渝地区考古发掘表明，早在先秦时期，三峡一带已盛行巫术、祭祀、巫舞等巫风气息，并成为当地最重要的风俗之一。巴渝地区形成了与巫相关的许多独特文化活动,至今民间依然有相关遗存。比如,三峡地区巫山、巫溪的巫舞、巫歌、巫戏,以及请神、端公下马等巫文化活动。巫在上古时代很长一段时期是文化、历史、政治、经济的掌控者。进入文明时代初期,巫仍然以“史”“祝”“宗”等崇高身份掌握国家神权和王权,帝王作为巫觋之首、朝廷的代言人和文化文明的传承者,记录历史,传承文明。直至春秋战国时期礼崩乐坏,巫的统治地位逐渐下降。

一、东西方巫术

苏门答腊岛的巴塔克人有一种风俗,制作婴儿木偶为不孕妇女祈求生育。婆罗洲的达雅克人,巫医同源的例子更加明显。当妇女难产时,会请两名男巫,其中一位按照医学方式为待产妇女接生,而另一名男巫则驻足门外,仿佛在假扮孕妇。他肚子上放一块大石头,用布将大石头和身体裹在一起,像婴儿待在子宫的样子,配合产房内接生男巫的指令,挪动包裹在身体上的假植婴儿,并模仿婴儿的胎动,直到生产结束。

而在数千年前的古埃及、古巴比伦、古印度,以及古罗马、古希腊等国家和地区,都流传着一种通过破坏偶人而达到攻击他人的巫术。当偶人受伤时,有真实的人会受伤;当偶人毁灭时,对应偶人的人也会死。例如,印第安人用巫术控制小木偶,将针插入木偶头部或心脏,或用箭射穿木偶,并施以巫术咒语,木偶映射的人会感到剧痛。当木偶在咒语中毁灭或被埋葬,他所对应的人也可能会死。居住在秘鲁的印第安人使用谷粉和脂肪制作类似于小木偶的塑像,用巫术通过小塑像毁灭人的灵魂。在中国,电影、戏剧中演绎的中国古代宫斗剧也不乏相似的例子。

英国著名的人类学家、宗教历史学家和民俗学家詹姆斯·乔治·弗雷泽(James George Frazer)认为,以上都属于巫术中的模拟巫术,且是属于个人或善或恶的目的。除此之外,在《金枝》中,弗雷泽还提到一些为公众服务的巫术。为公众服务的巫师参与部落公共事业,最首要的任务是祈雨。在原始社会中为了调节“天水”,祈雨法师的巫师地位尤其重要。他们为了完成其职责,也常常采用前文所述顺势或模仿的巫术法则。如果他们想要降雨，就用洒水或蒸汽仿造假云。这和中国古代的情况十分相似。另外，印度的婆罗门及古代墨西哥人，还有用巫术表达对太阳控制和祭祀的习俗。在俄罗斯的雅库特人、距离新几内亚不远的贝比利岛的土人等，流行着可以控制风的巫术。在古代芬兰，男巫常常把风暴出售给那些想在家逗留不愿意出海的水手们。而当风暴危害人们的正常生活时，古代爱斯基摩人还流行一种驱风的巫术仪式。

弗雷泽及一些社会学家认为，正是巫术产生了后来的宗教，并且在巫术中蕴含着与科学有着一致性的因素。现代社会已经可以证明的是：在医学方面，常常通过一些心理暗示和鼓励，对病患起到一定的治疗效果。这和施行巫术的一些原理契合，也可以说明巫术中存在的科学或合理的成分。

无论中国还是外国，无论东方或是西方，巫术都是人类在经验基础上进行联想和推理的阶段性结果，是人类在生产、生活中遇到问题时的一种选择和处理方式，也是人类追求真理过程中的产物。当然，在巫术的发展历程中，我们也不会回避一些极端恶性的分支，如非洲黑巫术等，这是必须要和传统植根于善的、为公众服务的巫术相区别的。

二、巴渝“灵山十巫”

巴渝之地为中华巫文化发源地之一。巫文化为巴文化非常重要的组成部分，但关于巴渝巫文化中古老的“灵山十巫”传说，有多种不同的解读，其中亦有与世界巫文化交汇之说。

据《山海经·大荒西经》载曰：“大荒之中有山，名曰丰沮玉门，日月所入。有灵山，巫咸、巫即、巫肦、巫彭、巫姑、巫真、巫礼、巫抵、巫谢、巫罗十巫从此升降，百药爰在。”有一种解读认为，巫山“神女”乃十巫所在，其发源于以色列家族。十巫降临大巫山，居非洲北部的乌干达。据《大荒南经》载曰：“有巫山者，西有黄鸟，帝药八斋，黄鸟于巫山，司此玄蛇。”此谓巫山者，意即大巫山或称灵山。因为有“帝药八斋”，所以说是“百药爰在”；所谓十巫，从甘肃的玉门、新疆喀什的红其拉甫下天山，采药治病，流连于东、西方之间。“小巫见大巫”一说，指的正是这个历史典故。又有学说认为:所谓“十巫”,是以色列“走失”的十个家族。其中可能包括:来自阿富汗的巫咸、乌兹别克的巫即、乌克兰的巫姑、克什米尔的巫礼、奥斯曼的巫谢、奥地利的巫抵、俄罗斯的巫罗等。

上述玉门,即古玉门,位于敦煌之西与新疆天山东麓的交界处。与红吉拉甫一样,是东西方往来的必经之地,其中古丝绸之路北路,唐玄奘取经即经过此地,之后才有了大唐西域记。这一解读直接将中国古代巴文化与世界地理、历史文明对接。

虽然相关解读盖留待后人研判之,但有明确的实证研究表明:不仅是在中国,包括世界各地人类历史最早起源的文化艺术,都或多或少与“巫”的图腾崇拜、祭祀活动、文化认知等相关。例如,纳米比亚的石板画、威伦道夫的维纳斯小型雕像、法国的拉斯科岩洞壁画等,大量暗示着早期人类对生存与繁衍的信仰,与“巫术”思维一脉相承。

第二节　巴人以盐业商贸立国

盐对于人类生存具有重要的资源价值和意义。历史上,自廪君与盐水女神的传说以来,巴地以盐立国的记载延续数千年,今天的重庆云阳、忠县一带均为古巴蜀地区制盐业中心。所谓锅巴盐即井盐,在巴蜀地区亦有 2 000 多年历史。《华阳国志·巴志》对重庆忠县古称“临江县”,有关记载曰:“有盐官,在监、涂二溪,一郡所仰。”彼时,盐业贸易已延伸至巴楚各地,并形成了闻名古今的“巴盐古道”。关于巴渝地区盐泉历史的悠久,从最古老的记载可见一斑。如前述《山海经·海内经》中所谓“咸鸟”的“咸”字,不仅与巴国、巴盐相关,而且巴人在整个长江三峡地区及鄂西清江流域的活动与强势挺进,应该也与拥有的盐泉有关。巴人首领廪君一支,沿清江流域逆流而上,掌控了清江、乌江等盐水女神的盐业领地,使巴人在长江三峡地区及鄂西清江流域狭长地带称霸立国。彼时,巴人完全控制了现渝东地区的最大盐泉,如湖北省长阳县的盐水、重庆彭水县郁山镇伏牛山盐泉和巫溪宁厂镇宝源山盐泉等。由于巴国盐泉资源丰沛,盐道陆路水路交织,且以黄金水路为主，使巴人迅速壮大并扩张，至江州立国。彼时，巴人生活“不绩不经，服也；不稼不穑，食也”。

虽然巴渝之地巴盐历史悠久，但与之交界的楚地、秦地却不产盐，完全依靠巴国盐业商贸供给。因为盐业及其贸易活动的发达，使巴、鄂交界的广大生活闭塞地区，在漫长的历史时期，拥有了以盐道为主的往来交通及商贸通道。占据鱼盐之利的古代巴人，不仅善舟楫、渔猎，也因为产盐、贩盐，创制了独特的腌制商品，用以交换各地区的生产资料。历史时期，巴国因天然盐泉这个重要的经济支柱，曾经将盐作为硬通货，向周边国家换取所需。巴国时代的物物交换不仅解决了巴国的民生问题，更使巴国在强大的经济力量支撑下，为巴渝地区积淀了丰厚的历史文化和军事政治基础。

至巴国最强盛时期，有史可载的巴国疆域，以江州为中心，南至渝东南、黔东北及湘西北，北接秦国，东到汉水，西临蜀国，地跨今陕、黔、渝、湘、鄂、川等行政区域。彼时，巴国巴地境内多民族聚居，不仅包括巴族和更早迁徙的中原民族，还有蜑、夷、獽、奴、苴、賨、濮、共等民族，成为直至今天生活在该地区的土家族等少数民族的巴人祖先。“巴盐古道”的形成对鄂、渝、湘、黔交汇地区的经济发展、文化传播、民族融合都产生了巨大影响，相关本土文化品格与深层意识形态等无不镌刻多民族共生的精神凝结。

自巴国因盐业、盐道而经济强大，至各历史时期，西南地区民族政策与政治权力的确立，均与“巴盐古道”息息相关。“巴盐古道”作为历史时期的经贸、交通和民族文化交汇处，各民族在频繁的商贸往来、文化交融、移民活动中相互影响和熏染，逐渐形成民族特征及其关系的多样性。在川、鄂、渝、湘、黔、甘、陕地区分布着土家、侗、羌、布依等众多少数民族，散布在这条文化廊道上的民居聚落、庙宇宗祠、宗教石刻、王城遗址、江河渡口、风土廊桥等物质文化遗产，看似分散，互不相干，但在建筑形式、建筑技术、构造方式、营造理念、装饰手法上却存在诸多相识之处，具有异中存同、同中存异的文化特征。又由于与汉族来往密切、中央集权统治及民间通婚等，巴渝之地各民族社会形态不断“汉化”。

“巴盐古道”自产生的第一天起，就具有浓郁的商业特性，它是古人翻山越岭、跨河过江最早开辟的西部商道。此后，通过“巴盐古道”，巴盐、川盐、朱砂、生漆、桐油、茶叶、蜀锦、黄连等土特产，都源源不断地向外输送。而其他国家如印度、缅甸等的玉石、琥珀、海贝、珍珠、缯布、毡、棉花等商品，也渐渐利用“巴盐古道”流通到中国广大地区，古道因此云集了众多异国商人的身影，使“巴盐古道”天然地成为茶马古道、南丝绸之路兴起的必要条件。据成书于公元355年之前的《华阳国志·南中志》载：“益州宝货之地，居其官者皆富及十世。”又载：“明帝乃置郡……属县八，户六万，去洛六千九百里，宁州之极西南也，有闽濮、鸠僚、僄越、裸濮、身毒之民”“身毒”即印度，“僄越”乃缅甸。不仅如此，北京大学陈保亚先生指出，之后产生的茶马古道是直接继承或扩展了古代盐运通道，这种扩展使以川、藏、滇为中心的盐运古道转换成茶马古道，并迅速向中国西南、印度、东南亚等周边国家或地区辐射，形成错综复杂的茶马古道。

第三节　钓鱼城改写世界历史

我国古代军事自有文字记载以来，如著名的《孙子兵法》中关于水与势、水与奇正虚实、水与地利等的兵法论证，墨子《水攻》中的防御策略，《三国志》“草船借箭”的兵法运用，或攻或守，均有对水作为资源或工具的运用。其中，护城河作为攻防，特别是防御工事，是古代军事城防的重要组成。它的发展包括：春秋战国时期产生阶段、唐代至北宋进一步发展与较为成熟阶段、两宋时期继承与创新阶段、明清时期基本定型阶段。今重庆市合川区（南宋时合州）钓鱼城遗址，是我国迄今保存最完好的护城河防御工事古战场遗址。历史时期，著名的钓鱼城之战遏制了蒙古帝国扫荡欧亚大陆的扩张势态，钓鱼城也因改写世界历史而闻名古今中外。钓鱼城形势如图2-6-1所示。

水域水系丰富的重庆西北大门合川区，自古为“巴蜀要冲”。涪江、渠江与嘉陵江在合川三江汇合后，向东南至重庆汇入长江。合川背倚华蓥，面朝三江，独占山水军事防御地理优势。历史上的南宋钓鱼城

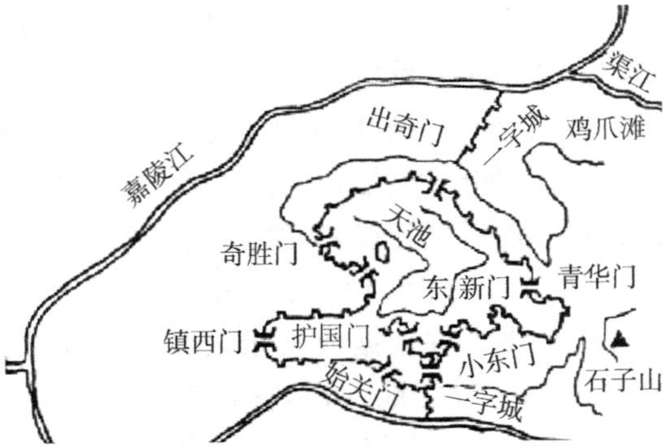

图 2-6-1　钓鱼城形势图（资料来源：李天鸣《宋元战史》）

属天然型护城河军事防御工程，城市外围护城河直接由三江水体构成。这个著名的军事防御工程，始建于南宋嘉熙四年（公元 1240 年），由四川制置副使彭大雅筑城寨于重庆合川钓鱼山上；淳祐三年（公元 1243 年），继续增筑，将合州及石照县（合州治所所在地）的军、政机构迁移至城内，由四川制置使兼重庆知府余玠负责；宝祐二年（公元 1254 年），知州王坚负责组织 17 万军民大修钓鱼城；景定四年（公元 1263 年），合州知州张珏再次修固钓鱼城。重庆合川钓鱼山山势险峻，四周悬崖陡壁，且地处三江汇流，南至长江，北接嘉陵江、渠江、涪江，独具天然防护水体优势。彼时，钓鱼城依山而建，壁垒悬江，道路曲折，开城门 8 座。其中，因北面和南面天然峭壁较高，仅以堆砌石块作为防御，其他方位均设立两三丈左右的护城墙。整个防御工事以钓鱼城为核心，按点线结合，沿江河一线，梯次配备由天生城、云顶城等 10 余座寨子组成的防御据点，构成立体纵深的山水军事防御体系。石照县县衙大门遗址如图 2-6-2 所示。

一、“独钓”中原 36 年

13 世纪中叶，剽悍的蒙古铁骑在漠北草原崛起，“一代天骄”震撼了整个欧亚大陆。然而，公元 1259 年，蒙哥大汗亲率号称“上帝之鞭”的十万骁勇之师，却“折鞭”于钓鱼城这个弹丸之地。合州军民在钓鱼城内浴血奋战 36 年之久，创造了世界军事史上的奇迹，书写了中国古

图 2-6-2　石照县县衙大门遗址

代护城河城防战中最浓重的一笔，钓鱼城之战被永远载入世界史册。

合川位于重庆市西北部，在嘉陵江、涪江和渠江汇合处，扼川北水路咽喉。彼时，蒙古大军挥戈南下，南宋王朝危在旦夕。宋淳祐二年（公元 1242 年），四川安抚制置使兼重庆知府余玠采纳合州知州冉琎、通判冉璞兄弟之策，筑城钓鱼山，迁重庆府合州治所于钓鱼城内，拉开了钓鱼城抗击蒙古大军入侵的辉煌序幕。冉氏兄弟指出“蜀口形胜之地，莫如钓鱼山，请徙诸此。若任得其人，积粟以守之，贤于十万师远矣，巴蜀不足守矣”，将全川防御体系的重点置于钓鱼城。清代地理学家顾祖禹所著《读史方舆纪要》记载合州有云：“枕二江之口，当众水之凑，凭高据深，屹为险要。”钓鱼城三江合流的地理位置，西与涪江遂宁府相接，北与嘉陵江顺庆府相连，东与渠江广安军比邻，南与嘉陵江下游重镇重庆相连。是以，合川上可与川西、川北、川东联络，下通重庆、川南、荆楚。

重新修筑后的钓鱼城西、南、北三面环水，方圆十二三里内，高筑石墙数丈，分别沿南面和北面建一字城墙延伸至江中；城内水资源丰富，有泉井 92、池塘 13 个；军备富足精良，沿江分设码头及战船，控制三江及重庆，成为支撑巴蜀的防御要塞。合州钓鱼城城门如图 2-6-3 所示。

图 2-6-3　合州钓鱼城城门（护国门）

公元 1258 年年底，蒙军进逼重庆，至钓鱼城受阻，遂派降将晋国宝招降，被守军统领王坚怒而杀之。公元 1259 年正月，蒙哥大汗自恃军力雄厚，兵强马壮，自夔州等地迂回东下，直奔钓鱼城，命南宋降将杨大渊突袭合州旧城，切断钓鱼城与外围城池联系。并于涪州蔺市建造浮桥阻断宋军支援，在铜锣峡遏制宋军北进。二月二日，蒙哥率部跨越钓鱼城东北鸡爪滩，于城东石子山驻营。二月三日，蒙哥亲自攻城。至三月，连续进攻多个城门据点，包括小堡、镇西门、奇胜门及城东之东新门等处，无一成功。四月二十二日，蒙军偷袭护国门仍未得逞。二十三日夜，短暂攻破城北出奇门至嘉陵江一侧的一字城，迅速被王坚夺回。之后，钓鱼城久攻不下。蒙军屯兵城下，钓鱼城虽未能获得增援，但守军仍然士气高昂、战备物资充沛。至酷暑季节来临，环境恶劣，蒙军水土不服，霍乱、疟疾、暑热等疾病横流。至六月初，宋军增援，溯江而上，万艘战舰由四川制置副使吕文德，冲破封锁入重庆，后沿嘉陵江北上，以千余艘战舰增援合州，遇阻三槽山西。元军分兵两侧，由经略使史天泽顺流纵击。时值重庆暑热天气，蒙军因瘟病流行，军力大减。蒙军攻城历时 5 个月后，仍然未果，蒙古军统帅汪德臣至城下劝降，被飞石命中而死。蒙哥就地修筑楼台，探测钓鱼城以背水一战。至七月二十一日，蒙哥在两军对垒中被飞石击伤。七月二十七日，蒙哥卒于军中（一说染病而死）。

由于钓鱼城得天独厚的山水防御体系，使钓鱼城能够坚守 36 年之久，成为我国冷兵器战争史上不可多得的典型案例。

二、得水而生

公元1252年，蒙哥派旭烈兀发动第三次西征，分别攻占今叙利亚、伊拉克、伊朗等阿拉伯大片疆域。至公元1259年，世界历史面临巨变的尖峰时刻，蒙军突然撤军，缓解了世界战局，特别是欧洲和非洲的局势。之后，相关研究中国历史的学者发现，原来历史的转折点就在钓鱼城。正当旭烈兀准备挺进埃及之际，忽获蒙哥死讯，遂大军向东返回，剩余少量军队寡不敌众，未能如愿攻入非洲。从此，蒙古大军的对外侵略扩张逐渐落幕。由此可见，钓鱼城之战的军事意义已不再局限于中国重庆，它不仅延缓了南宋的灭亡，也挽救了整个欧洲大陆，改变了整个世界格局，这次作战范围并不算大的防守战争，在世界史上也占有了重要的一页。

钓鱼城所处之钓鱼山上扼嘉陵江、渠江流经孔道，下控涪江、嘉陵江汇入长江要津，处于钳形江流、三面临江的险要地势之中。如此优越的自然地形条件使钓鱼城成为古代攻防战争中理想的军事防御城池。作为重庆北面的门户，其依山建城，环江为池，在以重庆为中心建立的抗蒙山地城池体系中，发挥了重要的防守作用，有“巴蜀要津”之称。在城池选址、布防及构筑等方面，反映出南宋抗蒙山地城池的典型特征及军事建筑技术水平。可以说，南宋后期的战略布局是以城为点、以河为线、以线连面。在整个战争防御体系中，很多城池皆沿江而建，通过岷江、沱江、涪江、嘉陵江、渠江、长江诸江及诸江支流水运联系在一起，以重庆府及钓鱼城为核心，形成“如臂使指，气势联络”的网络体系。钓鱼城示意图如图2-6-4所示。

首先，就地理位置而言，钓鱼城“枕嘉陵（江）、渠（江）、涪（江）三江之口，当川东北众水之凑”，自古为巴渝要津、重庆的屏障。其次，作为山地城池，在布局上须解决驻城军民的生活用水，以及设计城池排水和泄洪通道。《管子·乘马》有云：“凡立国都，非于大山之下，必于广川之上，高毋近旱，而水用足；下毋近水，而沟防省。因天材，就地利，故城郭不必中规矩，道路不必中准绳。”钓鱼城充分利用钓鱼山的地理位

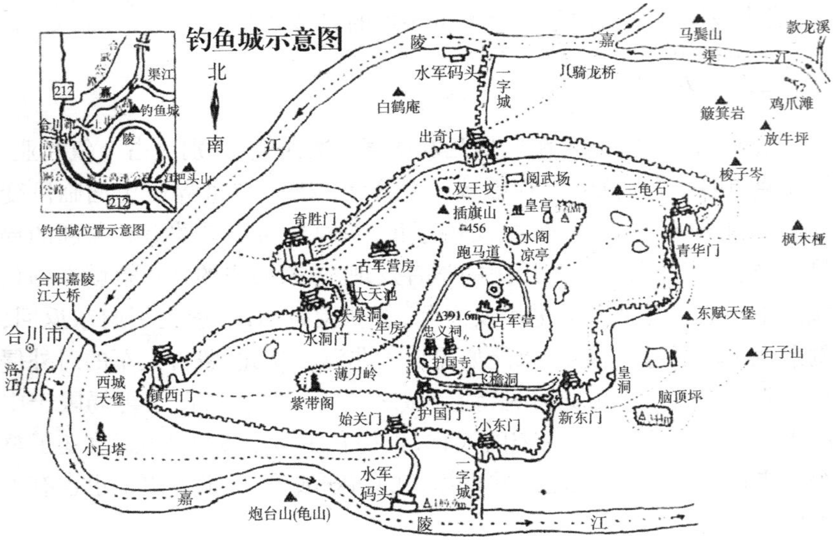

图 2-6-4　钓鱼城示意图

置和周围河流走向，借助大旱而不干涸的水池和水井，并开凿多处人工水塘，保障了战时钓鱼城内军民生活取水。其中被称为大天池的水源，又称范家堰，位于城西奇胜门内。明万历《合州志·卷一·钓鱼城记》载："西门之内，因沟为池，周围五百余步，名曰'天池'。泉水汪洋，旱亦不涸，池中鱼鳖可棹舟举网。"在组织城池排水时，钓鱼城巧妙地利用天然笔直的悬崖口作为城池的排水孔道。水洞门作为排水口，在奇胜门左侧 200 多米处，因大小、形状似城门，故称为"水洞门"。其与位于附近的城内主要取水源大天池之间，有宽 4.3 米、总长 118 米、平均深约 3.6 米的石砌排水道相连，构成了钓鱼城较为完备的给排水系统。如果遇到山洪爆发，可通过大天池的溢洪口，经排水道，由水洞门排到悬崖下。直到现在，水洞门仍然是钓鱼城排水和泄洪的主要通道。

钓鱼城能坚守 36 年之久，护卫四川、重庆诸地，一方面和钓鱼城守将任人有方有关，与军民同仇敌忾的爱国精神有关，但另一方面也绝对不能忽视钓鱼城的地势之利。依山傍水构成了天然屏障，钓鱼山上旱涝皆能对应的水利设施和水力资源也为守城提供了先天优势。自古，得水而生，先民生存繁衍如斯，于战争亦是如斯。

参考文献

[1]吴红兵．宋代护城河研究[D]．西安：西北大学，2018.

[2]曾仲权．巫的分化共存论与中国古代文化传统衍生进路[J]．湖北民族学院学报(哲学社会科学版)，2018，36(6)：58-68.

[3]王振复，夏锦乾．灵之研究：中国原巫文化六题[J]．社会科学战线，2018(4)：27-44，281.

[4]崔颖．巫君合一到君子多奇：论王世贞的巫风思维[J]．电子科技大学学报(社科版)，2017，19(6)：101-106.

[5]马可瑞．重庆文化符号图式化构建表达研究[D]．重庆：重庆大学，2017.

[6]张伟权．“灵均”通解[J]．三峡论坛(三峡文学·理论版)，2017(5)：5-10.

[7]李夏薇，邓军．文化线路保护与大众传播研究——以自贡盐业博物馆对川盐古道的保护与传播为例[J]．盐业史研究，2015(4)：75-81.

[8]陆邹，杨亭．“巴盐古道”在“国家化”进程中的历史地位[J]．成都大学学报(社会科学版)，2014(5)：56-63.

[9]满黎，杨亭．消失的背夫：对巴盐古道盐运主体的人类学考察[J]．四川理工学院学报(社会科学版)，2014，29(2)：18-23.

[10]罗秋香，杨亭．巴盐古道的商贸体系化研究[J]．重庆文理学院学报(社会科学版)，2015，34(3)：9-14.

[11]邓军．川盐古道研究刍论——基于川盐古道的实地考察[J]．盐业史研究，2015(2)：41-50.

[12]宫玉海《丰沮、玉门是两处关隘——读〈山海经〉札记之四》http://www.docin.com/p-57634089.html.

[13]管维良．三峡远古的盐丹文明[J]．史前研究，2004：213-219.

[14]陈保亚．论茶马古道的起源[J]．思想战线，2004(4)：44-50.

[15]麻国庆．民族考古学与阴山岩画研究[J]．阴山学刊，1989(1)：118-121.

[16]徐永安．中国“老人自死习俗”相关历史记忆重释[J]．江汉学术，2014，33(3)：104-109.

[17]张濛．论巫术的戏剧化呈现[D]．开封：河南大学，2014.

[18]刘卫英，姜娜．关羽崇拜传说与民间龙信仰[J]．商丘师范学院学报，2010，26

(10):35-37.
[19]王子今．说“纸鬼”:民俗史和意识史的综合考察[J]．石家庄学院学报,2009,11(2):17-23.
[20]刘婷．产翁制:鬼神信仰的世俗化表现——从“鲧腹禹”神话说起[J]．保山师专学报,2009,28(1):49-52.
[21]孙小金．巫术思维对中国民间崇拜的影响[J]．上海理工大学学报(社会科学版),2005(3):32-34,67.
[22]郭建斌,陈晓颖．中缅印交角地区陆路交通的历史考察[J]．云南师范大学学报(哲学社会科学版),2019,51(3):1-11.
[23]陈锦均．滇黔桂结合部巫师群体的宗教人类学思考[D]．武汉:中南民族大学,2018.
[24]谭伟平,张潇方．“巫文化”传承中体育元素研究[J]．体育世界(学术版),2017(4):53-54.
[25]褚育杉,孙羽姮,付茜瑶．基于巫文化和解构主义阐释生命的状态和“世界”[J]．文化学刊,2016(6):158-162.
[26]杨艳蓉．论“五尺道”宜宾段的历史研究和现实意义[J]．中华文化论坛,2014(12):135-138.

第三篇

流域水崇拜主导民风民俗

至春秋战国之际，巴国王族文化与巴地文化从碰撞走向融合，巴国文化与巴地文化合二为一，构成了独具特色的巴文化。《华阳国志·巴志》记载："郡治江州……地势侧险，皆重屋累居，数有火害，又不相容。结防水居五百余家，承二江之会……"巴人多居河流两岸和峡谷，由于拥有丰富的水域资源，巴渝地区最早的民俗民风总是跃动着水的倒影。大河两岸，巴渝舞、船棺葬、铜梁龙、川江号子……踏水而来。而巴渝历史似河流一样，一直流淌。包括民族信仰、语言文字、戏剧艺术、建筑风格、金属工具及生活习惯等，好像洒在河流里的阳光，为它带来生命的色彩。

第七章　巴渝舞

沿水而居的巴族，自古擅长歌舞，最有名的当属巴渝舞。据董其祥教授关于巴渝舞源流相关研究考证，提出：四川东北部、重庆北部嘉陵江支流渝水一带居住过巴人一支板楯蛮部落少数民族，编创了一种独具特色的民族舞蹈，因其发源地位于彼时的巴郡渝水一带，故以巴渝舞得名。

第一节　“巫”“武”“舞”同源

最初的巴渝舞产生于军事征战。在巴人开疆拓土中，征战频繁，形成了巴人擅长战舞的风尚。彼时，巴渝舞在艺术形式上表现为身着戎装、挥舞干戚、充满拼杀，旨在表现征战杀伐场面的战争舞蹈——武舞。

一、歌舞临敌

据记载，在辅佐武王伐纣战争中，巴蜀之师“歌舞以凌殷人，前徒倒戈。故世曰：‘武王伐纣，前歌后舞’也”。周武王、周公旦等，命乐人以巴人战舞为基础，改编成盛大的宫廷歌舞——大武舞。《白虎通·礼乐》有载：“武王起兵，前歌后舞，克殷之后，民人大喜，故中作所以节喜盛。”由此，巴渝舞又成了用于祭祀的宫中雅乐的一部分。《礼记·名党记》中称：“季夏六月，以禘礼祀周公于太庙……升歌、清庙、下管象、朱干玉戚，冕而舞‘大武’。”巴渝舞也得以在巴地传习下来。巴国迁都阆中时，北方的龙蛇巴人因能操练巴渝舞，当汉中王刘邦攻打三秦时则征调龙蛇巴人为汉军先锋，歌舞临敌。有《华阳国志·巴志》明确记载：“阆中有渝水，賨民多居水左右。天性劲勇，初为汉前锋，数陷阵，锐气喜舞。帝善之，曰：‘此武王伐纣之歌也。’乃令乐人习学之，今所谓巴渝舞也。”巴渝舞，曾经在秦始皇时代名《五行舞》，汉高祖时代名《武德舞》,汉景帝时代名《昭德舞》,汉宣帝时代名《盛德舞》,魏晋时代名《宣武舞》《昭武舞》《魏俞儿舞》,六朝时期又名《大壮舞》《宣烈舞》,历经两千多年,其精神内核、文化积淀和艺术魅力源远流长、一脉相承。

在上古时代的神话传说中,已然保有关于巴渝舞的神奇故事。相传,人类始祖伏羲的母亲华青氏曾经在巴人巴族所居四川阆中阆苑"履雷神迹而孕伏羲"。彼时,伏羲手舞足蹈持小鼓自华青氏体内跃然出世,如雷的哭声将伏羲的小鼓震动起来,形成有鲜明节奏的律动音乐。华青氏闻之,遂编创了巴渝舞的雏形"巫雏舞"。后经女娲演绎创造,由位居嘉陵江支流渝水一带的巴族一支载歌载舞,形成了历经千年、流传至今的巴渝舞。嘉陵江边四川阆中保宁镇,自诩为巴渝舞的故乡。

二、"夔作乐"

有《山海经·大荒东经》载曰:"东海中有流波山,入海七千里……其光如日月,其声如雷,其名曰夔。黄帝得之,以其皮为鼓,橛以雷兽之骨,声闻五百里,以威天下。"夔是中国文化中一个复杂的谜案。传说黄帝得夔,以其皮为鼓,用以震慑四夷、号令天下。巴渝地区为巴渝舞伴奏的"夔鼓"正是源于神话传说,且《山海经·大荒东经》对夔的陈述,是关于夔鼓、夔与黄帝的最早记载,凸现了夔与夔龙崇拜、龙神崇拜等水文化崇拜。另据《尚书·尧典》记载,夔乃音乐大神,属舜的乐官。舜令夔作乐,夔遂"击石拊石,百兽率舞"。战国末年赵国史官所著《世本》中,亦有"夔作乐""夔乐"等相关记载,据《吕氏春秋·古乐》所载,夔乃上古时期《九招》的作者。后世在《荀子·成相》中亦有"夔为乐正,鸟兽服"的记载,称夔为鼓神,创作夔鼓和夔乐。其中,夔鼓因夔牛声若雷鸣而称雷鼓,故以夔皮制雷鼓,遂夔牛被指为雷神或雷兽,在神话传说中,夔牛即夔龙,而有专家认为夔龙即鼍鳄。而鼍属于一类生物的统称,巴渝地区把类似于蛟龙、巴蛇等之类的大蟒蛇称鼍。例如,古人用鳄鱼皮或蟒皮制作的神鼓,称鼍鼓或灵鼓。在古代诸多文献中,有鼍皮制鼓的记载,如《诗经·大雅·灵台》载曰:"于论鼓钟,于乐辟雍,鼍鼓逢逢”,《埤雅·释鱼》引晋安《海物记》注曰:“鼍宵鸣如鼓,今江淮之间谓鼍鸣为鼍鼓”,《辟公杂说》曰:“鼍闻鼓声则鸣”,秦国丞相李斯在《谏逐客书》中亦有“灵鼍之鼓”一说。此外,在相关考古发掘中,亦有出土的蟒皮或鳄鱼皮制作而成的鼍鼓。在山西襄汾陶寺龙山文化墓地出土文物中,曾发掘出迄今最早的鳄鱼皮鼓实物。河南殷墟出土文物中,亦发现有蟒皮制作的木鼓遗迹。由大量记载和出土文物考证可知,鼍鼓或灵鼓,亦称雷鼓,均以蟒皮或鳄鱼皮蒙制,被视为神器,用于祭祀等大型礼乐活动,《诗经·大雅·灵台》所描绘的正是这一神圣时刻。据《尚书大传》记载,在武王伐纣及巴师凌敌的战斗中,同样用到了被视为神器的鼍鼓,“武王伐纣,至于商郊,停止宿夜,士卒皆欢乐歌舞以待日”,又载“惟丙午,王还师,师乃鼓噪,师乃慆,前歌后舞”。其中,所述之鼓乃鼍鼓即夔鼓,而“士卒”正是板楯蛮巴族一支勇锐之师。

第二节　夔鼓踏“水”而来

充满水文化图腾(龙、蛇、鼍、夔等)崇拜意义的夔鼓(雷鼓),在祭祀和战争中起着发号施令的神器作用。夔,在上古神话中是只有一条腿的怪物。鼍,古老而数量非常稀少,是中国特有且世界最小的鳄鱼品种之一,位居世界濒临灭绝爬行动物之列。因其生活在长江流域,故学名“扬子鳄”。

一、龙的原型

在史前文明中,巫术礼仪中的远古图腾“鳄鱼神”正是龙的原型,代表神祀的凶猛与威仪,也昭示着正义和力量,被认为是最神圣的图腾。因此,在诸多的传说和记载中,都能依稀寻觅如黄帝制夔鼓,舜命作夔乐,直至武王伐纣因以夔鼓凌殷人,均由于夔鼓乃神鼓,夔鼓所具备的图腾力量能够摄人心魄、威震天下。有古书《周礼·地官·鼓人》记载:“掌教六鼓四金之音声,以节声乐,以和军旅,以正田役,教为鼓而辨其声用……凡祭祀百物之神,鼓兵舞、帗舞者。凡军旅,夜鼓鼜,军动则鼓其众。田役如之。救日月，则诏王鼓。大丧，则诏大仆鼓。”有学者认为，在汉字中“巫”“武”“舞”同源，史前文明中，巫师以夔鼓作法，获神兵相助，巴渝舞又是古代传说中厌劾妖祥的“巫舞”。

相关记载将巴渝舞与中国古代最具神奇力量的巫舞、武舞、战前舞有机联系起来。有《左传》载，距今三千多年前“周武王伐纣，巴师勇锐，歌舞以凌殷人。故曰：武王伐纣前戈后舞”。彼时，巴渝舞尚未命名。直至秦汉相争时代，汉王朝沿袭巫舞之术，将此舞用于战争，“锐气喜舞，武帝善之曰：‘此武王伐纣之歌舞也，乃令乐人习学之，今所谓巴渝舞也。’”此时，巴渝舞的命名正式见诸于史书。有关巴渝舞的文字记载，最早见于《尚书大传》。另有《华阳国志·巴志》所载，更为生动：“周武土伐封，实得巴蜀之师，著乎《尚书》。巴师勇锐，歌舞以凌殷人，前徒倒戈，故世称之曰‘武王伐纣’，前歌后舞。”据《史记》载，武王伐纣，“虎贲三千人，甲士四万五千人”。所谓“虎贲”即巴人组成的“虎贲军”，挺杖执盾，“歌舞以凌殷人”，使纣王军队倒戈，取得了“牧野之战”的最后胜利。后世称之“武王伐纣，前歌后舞也”。

二、武(巫)舞扬威

战场上的巴渝舞是所有参战人员的骁勇之舞，用于鼓舞士气。汉高祖刘邦也由此把巴渝舞引入宫廷，接待“四夷宾客”，以“耀武观兵”。宫廷乐师还为宫廷中的巴渝舞配乐，一曰《矛渝》、二曰《安弩》、三曰《安台》、四曰《行辞》，使汉代巴渝舞不但展现“征讨四夷，锐志武功”的巫舞雄风，也能在民乐舞蹈中演绎大汉帝国“族举递奏，金鼓迭起”的浮华与绚烂。其中，“执仗而舞”传承了巴渝舞原始的存在形态。《汉书·礼乐志》有载，至汉哀帝即位大典有“巴俞鼓员三十六人——应古兵法”，仍沿用周代时期严格的礼制，无论规模和形式。据载，周代礼制规定：凡运用音乐舞蹈者，按照地位不同，舞蹈队形以王者、侯者、卿和士大夫者、士者，分别排四面、三面、两面、一面。各舞队人数按诸侯、诸公、王的等级不同，分别排成每行四人共四行，每行六人共六行，每行八人共八行。上述礼制，均用于作为宫廷燕乐中的巴渝舞，如果巴渝舞用于征战沙场则规模盛大，有多少人战斗，就对应多少人歌舞。前方执杖挺进，后方顿足击鼓，正如史书所载“前歌后舞”。汉代文学家司马相如在著名的《子虚赋》中，将巴渝舞宏大、壮观、威慑的场面描写得淋漓尽致，“树灵鼍之鼓，奏陶唐氏之舞，听葛天氏之歌，千人唱，万人和，山陵为之震动，川谷为之荡波。巴渝宋蔡，淮南于遮，文成颠歌，族举递奏，金鼓迭起，铿锵铛鼙，洞心骇耳”。又有《汉书·西域传》载曰：“设酒池肉林以飨四夷之客，作《巴俞》都卢、海中《砀极》、漫衍鱼龙、角抵之戏以观视之。”为了耀武扬威，朝廷接待四夷使者，常以巴渝舞示之。其舞风刚烈，音乐铿锵有力。在盛大热烈的仪式中，不乏神圣的震慑力量。这一特质与流传至今的四川阆中民间“巴象鼓”有着惊人的相似，后人也称“巴象鼓”为巴渝舞的“活化石”。

三、“鼓舞”源泉

在中国萨满文化中，巫师即军师，并以巫术请神、御兵，这一基本形态贯穿中国古代战争史始终。在萨满文化视域中，由于用作雷（夔）鼓的鳄鱼皮具有无上的法力，《黄帝内经》载：“黄帝伐蚩尤，玄女为帝制夔牛皮鼓八十面，一震五百里，连震三千八百里。”在漫长的历史进程中，上古图腾“夔”被神化，也被人格化，并赋以神秘力量，形成了后世传说的夔龙神话、雷神等。而夔鼓或称雷鼓，自然演绎成神器，广泛用于民间巫师请神或国家祭祀大典，鼓逐渐演化为祈祷祭祀的重要法器。因此，巴地汉地之类，称巫为夔神或夔巫。传世的巴渝舞则源于远古夔舞、夔乐。在汉族的象形文字中，夔本身具有“夔巫”图腾形象，与考古发掘的周代“兵辟太岁”铜戈上镌刻的神巫图像如出一辙，结构图形十分类似。“夔”字的形态与结构由三部分构成：一是上部“䒑”，意为羽冠（鹖冠）头饰；二是中部“䖵”，双耳珥蛇，形似“操蛇之神”，这与《山海经·海内西经》中记载的左手握青蛇、右手操赤蛇的“巫咸”形象一脉相通，并有《世木作篇》曰“巫咸作鼓”，夔乐实质上即是巴地“大神巫”“巫咸”“巫彭”等众巫的鼓乐；三是下部为“夊”，形即脚踏日月之象，意为“夊生日月”，与《帛书》所记载“日月交生”的传说不谋而合。而夔神所具有的鳞身、甲衣的外部形态，正是巴蛇、鳄、蜥等水文化图腾的基本特质，亦与巴地、蜀地关于伏羲、女娲及帝喾等的上古传说交相呼应。

四川广汉三星堆大神巫形象，以及《山海经》中关于巫咸和夏后开的神巫形象，均与上述夔图腾惊人相似。郭沫若先生相关研究认为：帝喾即夔。从迄今出土的周代铜戈上兵辟太岁的夔巫形象，也印证了作为水图腾信仰的夔神，而夔神之魂鼍鼓正是厌劾妖祥神器，在战争对垒中，具有特殊的神秘力量。作为史前战舞巴渝舞，鼓是重要的巫术神器，有专家由此认为，巴渝舞的特质是"鼓舞"，这也正是被称作"鼓舞"的最早源泉。

无论传说或文字记载，巴渝舞均始于军事作战的巫舞，舞蹈者手持刀斧盾牌作舞，属"六代舞"雅舞，起源于西周。至汉代，巴渝舞的社会形态分化为截然不同的两面：一为民间巴渝舞，二为宫廷巴渝舞。前者汲取了巴文化的精粹，世代传承，有清代文人赞曰："巴象鼓声骤，列队环游行，今朝闻遗响，遥念范三侯。"后者主要用以为帝王歌功颂德或国际间文化交流。至唐初，巴渝舞发展至鼎盛时期。至清代，宫廷巴渝舞彻底湮没，退出历史舞台。

第三节　祭祀与娱乐传承

历史上，除作为武舞的巴渝舞外，以娱乐和祭祀为目的的巴渝舞也同样盛行。如曹魏时期，"建安七子"之一王粲填词传承至今的四篇《俞儿舞歌》，主要包括：劝勉魏王施行仁义德政的《矛俞新福歌曲》，主张因才取人、选能敬贤以安天下的《弩俞新福歌曲》，宣扬礼贤下士等民本思想的《安台新福歌曲》，逢迎新政、歌功颂德的《行辞新福歌曲》。至西晋，傅玄在王璨《俞儿舞歌》的基础上重新填词《宣武歌》，作《穷武篇·安台行乱》《军镇篇·弩俞》《短兵篇·剑俞》《惟圣皇篇·矛俞》等。这类巴渝舞以巫舞、武舞为特质，其中巫舞传统元素是武舞和祭祀的文化本源。

一、巴人图腾符号

有大量已发掘的巴渝地区考古遗存，如巴人在战争中使用的巴式剑、钺、矛，均镌刻有巴人图腾及类似舞蹈语言的文字符号（见图3-7-1～图3-7-3）。出土的与巴渝舞相关的錞于、编钟等乐器（见图3-7-4、图3-7-5），同时也是巴人巴族最重要的祭祀神器。有《宋书》载：巴渝舞于魏时更名为“昭武舞”，至晋代又命名为“宣烈舞”。现存的诸多史料均记载了巴渝舞的表演场景、内容和特殊的文化内涵。史

图3-7-1　重庆云阳李家坝出土战国长骹高棱铜矛

（资料来源：重庆中国三峡博物馆）

图3-7-2　重庆云阳李家坝出土战国银斑手心纹铜矛

（资料来源：重庆中国三峡博物馆）

图3-7-3　重庆云阳李家坝出土战国时期人面云雷纹铜矛

（资料来源：重庆中国三峡博物馆）

图 3-7-4　重庆万州红旗水库出土战国时代青铜虎钮錞于——巴人军乐器（资料来源：重庆中国三峡博物馆）

图 3-7-5　战国青铜曾侯乙钟（资料来源：重庆中国三峡博物馆）

料中写道：舞者手持弩箭，身披盔甲，模拟战争、祭祀、通灵等场景载歌载舞，神秘诡谲，神武勇猛，直达心灵。如唐代杜佑所撰中国第一部典制体史书《通典》载："宣烈舞有牟弩，有干戚。牟弩，汉巴渝舞也。干戚，周武舞也。"巴渝舞在漫长的发展过程中，逐渐演变区别于其他祭祀雅乐，如西晋文学家左思《魏都赋》所云："锐气剽于中叶，蹻容世于乐府。"

二、后世演变

发展至唐代，巴渝舞被归入清商燕乐（又称清商曲，简称清乐）之中，巴渝舞由原始的祭祀功能、武舞功能逐渐演变为庆典性舞蹈。例如，由巴渝舞演变、至今留传民间的四川阆中"巴象鼓舞"，又名"八仙鼓舞"。"巴象鼓舞"传承了巴渝舞的基本表现形式，如其中的鼓沿用双面兽皮鼓绘制图腾图案，并沿袭巴渝舞群舞形式，以鼓为号令，一唱众和、歌舞凌人、声势浩荡的原始文化形态。今重庆江北区鹅石堡山汉墓出土的抚琴石俑（见图 3-7-6）、重庆綦江县横山乡二墩岩汉代五人牵手的舞蹈石刻（见图 3-7-7），正是原始巴渝舞形象的惊鸿一瞥。

图 3-7-6　重庆江北区鹅石堡山汉墓出土的抚琴石俑

图 3-7-7　重庆綦江县横山乡二墩岩汉代崖墓舞蹈

另有《夔府图经》载曰:“巴氏祭其祖,击鼓为祭……夷事道,蛮事鬼,初丧,肇鼓以道哀,其歌必号,其众必跳。”其舞蹈风范颇具巫觋精髓,成为后世民间“跳端公”的传统雏形。有《铜梁县志·祭祀》证曰:“跳端公是谓巫风积习相沿。”重庆峡江一带延续至今的巫风信仰与跳端公等民俗活动,将巴渝舞的原始形态传承其间,并发展演变成为巴渝民间传统舞蹈的重要组成。又据《四川通志·舆地·风俗》篇记载:今(重庆)万州区民间正月初七“乡市士女渡江南峨眉碛上,作鸡子卜、击小鼓、唱竹枝歌。”迄今,重庆民间的傩舞、傩戏,以及马马灯、龙灯、花灯等舞蹈,依然能够寻觅到巴人"前歌后舞"的遗风。重庆地区传承数千年的巴渝文化星光璀璨,其中巴渝舞作为文明启蒙时期的本土文化品格及深层意识形态,深深扎根在巴渝大地。从上古巫舞出世至春秋战国"下里、巴人",至秦汉"巴渝歌舞",至唐代"竹枝歌",至宋元"灯会""跳神""说唱"及"杂耍"等,直至元、明时期戏曲综合表现形式的出现,均保留了巴渝舞的艺术表达形式。由于巴渝舞对巴渝地区历史文化传承的深远影响,相关《竹枝歌》被列入元北曲,后逐渐固化成为戏曲曲牌。

参考文献

[1]李媛. 陕北东汉乐舞画像石研究[D]. 西安:西安音乐学院,2018.

[2]马璐瑶. 魏晋时期巴渝舞考述[J]. 四川文理学院学报,2018,28(3):33-37.

[3]马雪莱. 河南汉画像石中乐舞艺术的图像学研究[D]. 成都:四川音乐学院,2018.

[4]祁佳. 巴渝舞初探[J]. 黄河之声,2017(12):116-117.

[5]周丽. 巴文化视觉符号探析[J]. 成都大学学报(社会科学版),2016(5):90-93.

[6]张紫靖. 东汉蜀地画像砖(石)的乐舞研究[D]. 北京:中国艺术研究院,2016.

[7]胡帅,柳亚奇. 川东北民间传统体育文化符号:巴渝舞考[J]. 长春师范大学学报,2016,35(4):77-80.

[8]何智亚. 巴渝建筑风格源流探析[J]. 重庆建筑,2015,14(8):5-13.

[9]宋平. 巴渝板凳龙文化的现状与传承[D]. 重庆:西南大学,2015.

[10]宋瑾瑜. 探源民俗文化之巴渝鼓舞[J]. 音乐时空,2014(6):104-105.

[11]戴连渠. 渠县"賨人"独特的历史与文化[J]. 文史杂志,2019(6):24-27.

[12]周弈妙. 土家族摆手舞溯源及功能演变研究[J]. 运动精品,2018,37(9):53-54.

[13]纪瑞祥. 巴渝舞道具艺术初探[J]. 美与时代(下),2017(10):88-90.

[14]董小英. 木石对话——中国人种、语言、神话西来说之思辨[J]. 郑州航空工业管理学院学报(社会科学版),2017,36(4):51-80.

[15]赵玲,张治平. 巴渝舞的巫鼓文化色彩[J]. 民族艺术研究,2010,23(3):11-14.

第八章 铜梁龙

相传在上古时代，为战胜蚩尤，黄帝联盟中原六部对阵西南诸部。其中，中原各部落所拥有的图腾崇拜各不相同，如鳄、龟、鱼、虎、蛇、猪等。黄帝选取彼时最为强大的夏族，以夏族的图腾“蛇”为主体，综合各部落图腾信仰，创造了多文化信仰交融的似蛇非蛇、似兽而非兽、似鱼非鱼的新图腾“龙”。《淮南子·天文训》曰：“虎啸而谷风至，龙举而景云属。”神话中的龙神，行云布雨、司水理水、上飞九天、下潜深渊，是主管人间江河湖海的水神。龙之于道教或佛教，都是先民祈求行云布雨、风调雨顺的祭祀对象。同时，龙变幻莫测，充满华夏民族对天地法则的敬畏与崇拜。龙，也正是先民精神中的天地法则载体“天道”。龙图腾自产生的第一天起，一直伴随华夏民族生生不息，创造了世界上唯一未有中断的灿烂文明，全世界华裔儿女以自己是龙的传人而骄傲自豪。

长江中上游地区巴渝重庆铜梁龙文化，在中华龙文化的历史长河中源远流长。相传有文字或口述史记载的铜梁龙，在唐宋时期就已盛行，主要以龙舞、龙灯会等形式存于民间活动中。至清光绪，相关文字记载逐渐流行于世。如《铜梁县志·风俗篇》载：“上元张灯火，自初八九至十五日，辉煌达旦，并扮演龙灯、狮灯及其他杂剧，喧阗街市，有月逐人、尘随马之观。”虽历经千年历史发展流变，铜梁龙文化仍绵延传承，并成为巴渝儿女的情感、精神和血脉的象征。至今，许多传统的庆典与节日都有关于“龙”的公共庆典活动和民间庆祝活动。

第一节 古梁州孕育中华龙

巴渝重庆铜梁县位于长江水系嘉陵江流域，境内有涪江、琼江、小安溪、平滩河、久远河和淮远河六条主要河流。春秋战国时期，重庆铜梁为巴国属地。有《华阳国志》记载:“昔楚威王灭巴子,封庶子于蹼(涪)江之南,号‘铜梁侯’”,第一次提到铜梁。民国初年《四川省通志》有载:“铜梁为古梁州之域,巴国之地,境内秀山重叠,巴水环流,民富物殷,人文兴盛。”

一、地域龙文化发现

20世纪70年代初,在重庆铜梁西郭水库发现了珍贵的旧石器时代文化遗址,出土了大批旧石器时代标志性文物,以及大量中国犀、东方剑齿象、印度象、大熊猫、水牛、獐、蝎牛、鹿、羊等动物骨骼化石,使巴渝地区的人类活动追溯到迄今两万五千多年前,且不排除此时期已经开始出现龙的信仰。在之后漫长的历史发展中,巴渝地区的自然生态环境,尤其是丰厚的文化底蕴,孕育了铜梁龙文化,使铜梁龙以其独特的文化品格在中国龙文化中占据一席之地。数百年来,铜梁人一直保有端午赛龙舟祭江、春节耍龙灯拜年、岁末舞大龙庆丰年,以及大旱之年扎荆龙祈雨等民风民俗。所有民间龙文化活动,都围绕祭祀、祈福、庆典等精神文明展开。

铜梁龙以地域命名,最初得益于铜梁“大蠕龙”的精彩绝伦。迄今包括“大蠕龙”在内的各色种类不同的铜梁龙,及其与之相关的地域龙文化,如各色龙的造型、舞龙技艺、彩扎工艺、烟火照明、多姿多彩的龙灯及相关龙的传说和民风民俗等,共同构成了新时代作为国家非物质文化遗产传承的完整的铜梁龙文化。

二、千年传承

在数千年的铜梁龙传承发展中,有文字记载的历史仅数百年。据清光绪元年(公元1875年)《铜梁县志》记载:明代河南巡抚胡尧臣(今铜梁安居古镇人),在《圣水寺灵异记》中提到“邑治北五里许,有川名兜溪……上有圣水寺,考寺旧庙碑载:宋徽宗时,宫内火灾,兜溪龙王敖广仙妹珍淑,行雨解救有功,乃投金牌抛江设祭,敕封东淮洞达慈孝龙女元君”。胡尧臣有感于铜梁龙祈雨盛况,特著文记载。但民间传说却有两种:一是源于人类繁衍。上古混沌初开,盘古开天辟地,女娲、伏羲奔波于巴渝古梁州山水之间，繁衍子孙。之后所遗神杖，汲取天地灵气和日月精华，飞升为能够降伏鬼怪、驱赶瘟疫的“龙”神。二是源于祈雨民俗。传说中，神龙至涪江、琼江二江，洪水横流，为祸一方，梁州先民为求风调雨顺，每逢新春、端午、秋收、洪涝干旱之时，必举行祭祀水神龙王的活动。如铜梁传统的春节舞龙活动，每年都按照严格规制程序展开，包括“龙出行”“接龙”“拜庙”“舞龙”“送龙”等系列活动。

龙在中国人心目中有着举足轻重的作用。周作人在《麟凤龟龙》中所说：“一条爬虫有着牛头似的一个头，事实上是不可能，但经过艺术化，把怪异与美结合在一起，比单雕塑一个牛马的头更好看，是难得的事情。图画上的水墨龙也很好看，所以龙在美术上的生命，比那四灵之三要长得多多了。”

至现当代，铜梁人仍保有最古老的龙崇拜民风民俗。例如，房屋、桥梁、庙宇均饰以龙纹或龙的雕塑。关于舞龙的民间活动，往往由民间和政府共同操办，铜梁龙作为中华文明的重要标志，已登上世界舞台，甚至在世界重要的体育赛事中占有重要位置。

第二节　龙舞龙灯精彩纷呈

相关研究指出：铜梁龙作为一项传统的体育运动项目，一直以来都是由民间艺人代代相传，但在当今对优秀传统文化传承保护的良好环境下，将铜梁龙这一图腾文化引入高校，无疑是给体育专业教学和大学生素质拓展教育注入了新的血液。同时，利用高校学生传承铜梁龙文化，有着不可替代的文化、素质、技能优势，以及不可替代的传承参与优势。

2004 年，在中国苏州举行的第 28 届世界文化遗产委员会会议上，国家主席胡锦涛在致词中指出：加强世界遗产保护已成为国际社会刻不容缓的任务，这是历史赋予我们的崇高责任，也是现实人类文明延续和可持续发展的必然要求……透过龙那气势磅礴的外壳，我们看到的是民族灵魂的闪烁，是中国文化的本质。

中华铜梁龙种类如表 3-8-1 所示。

表 3-8-1　中华铜梁龙种类

分类名称	类别
以制作材料分类	布龙、纱龙、绸龙、纸龙、草龙、板凳龙、柴龙、篾龙、钱龙、谷龙、竹龙、莲龙、麻龙、锣龙、棕龙、扁担龙、铁链龙、花木龙、鸡毛龙、稻草龙、百叶龙、荷花龙、草把龙、火把龙、草蝇龙
以形态特征分类	鳅龙、头龙、虫龙、矮龙、浑龙、麒麟龙、狮子龙、青蛙龙、鲤鱼龙、蜈蚣龙、虾火龙、独角龙、高头龙、高脚龙、青丝龙、冬瓜龙
以结构特点分类	缩龙、节龙、段龙、串龙、断龙、节子龙、折鳞龙、断颈龙、筒子龙、独节龙、两节龙、百节龙
以动态特点分类	游龙、睡龙、飞龙、醉龙、爬龙、地龙、桩龙、跑龙、烧龙、弄龙、摆龙、招龙、迎龙、跳龙、滚龙、盘龙、圈龙、蠕龙、直龙、软龙、穿火龙，过山龙，滚花龙、吊吊龙
以内容特点分类	拼字龙、罗汉龙、故事龙、母子龙、绣花龙、龙虎斗、龙凤舞、狮龙舞、鱼龙灯、花龙灯、龙伞舞、醉龙醒狮、丹凤彩龙、狮龙斗珠、红龙戏虾、龙凤呈祥
以数目分类	独龙、双龙、双人龙、双狮龙、一龙九柱、二龙戏珠、三龙相会、五龙拱圣、九龙舞、十三太保龙

铜梁龙舞传承至今，已形成姿态万千、风格迥异、颇具规模的“龙灯舞”和“彩灯舞”22 个品种两大系列。一是“龙灯舞”类，包括“大蠕龙”“荷花龙”“竹梆龙”“火龙”“正龙”“板凳龙”“黄荆龙”“笋壳龙”“小彩龙”“稻草龙”等 10 个品种。二是“彩灯舞”类，包括“鱼跃龙门”“犀牛望月”“高台龙狮舞”“雁塔题名”“十八学士”“亮狮”“开山虎”“蚌壳精”“南瓜棚”“狗啃南瓜”“三条鲹”“泥鳅吃汤圆”等 12 个品种。铜梁龙灯舞种类如表 3-8-2 所示。在各种龙舞龙灯中，还伴有不同的民间器乐如四川堂鼓、大锣、大钹、唢呐，以及战鼓和小型打击乐云锣、包包锣、苏锣、二心等，以烘托气氛。

铜梁龙舞相关物质载体中的“龙”形象，一直具有牛耳、鹰爪、鱼鳞、蜃腹、蛇项、虎掌、兔眼、驼头、鹿角等“九似之物”的九不像特征。同时,在龙舞的配套道具中,坚持传承传统的波浪图案“水牌”、云纹图案“云牌”等水文化符号。

表 3-8-2 铜梁龙灯舞种类

品类	常规尺寸(米)	参舞人数	原属行会	功能	备注
大蠕龙	50	男子 25 人	农业	祈福、竞技	惯名铜梁大龙
竞技龙	18	男子 10 人		竞技	竞技龙又称中型蠕龙
二龙	18	男子 19 人		表演	两条竞技龙同时起舞
火龙	15	男子 8 人	铁业	祈福	伴以打铁水、烟花
板凳龙	1. 8	男子 4 人	油、盐业	娱乐、表演	三足板凳
黄荆龙	15	男子 8 人	农业	求雨	舞者要龙,观者泼水
正龙	18	男子 10 人	官府部门	辟邪	颈、尾“之”字造型
稻草龙	15	男子 8 人	农业	禳灾、趋害	
小彩龙	7. 5	女子 3 人	缝纫业	表演	舞龙身二人各持两栋
鱼龙	22. 5	男子 5 人	私塾业	表演	惯名“鲤鱼跳龙门”
荷花龙	15	女子 8 人		表演	荷花瓣串联龙身
竹梆龙	9. 25	孩童 8 人		表演	单节成龙,敲击作响

第三节 非遗传承代表人物

铜梁龙舞作为国家级非物质文化遗产,位列龙舞类七项遗产之首。铜梁龙舞历史悠久,兴起于唐宋,盛于明清,誉于当今。至清光绪年间,每年元宵佳节之际,四乡八邻、游客商贾云集铜梁,一睹龙灯风采,当地百姓将传统的铜梁龙舞称为舞龙灯。至今,铜梁舞龙灯仍然有着“中华第一龙”的美誉。

铜梁大龙全长 50 米,龙舞套路多达 30 余个,腾越、翻滚、造型,交替变换。慢舞时,雍容大度,优美抒情。快舞时,激越奔放,动人心魄。铜梁龙灯运用彩扎工艺,制成以龙形为主的灯饰体系,而铜梁龙舞则采用彩扎龙形工艺，将音乐、舞蹈、绘画、体育竞技集于一身。铜梁民间口口相传的“哭龙、慑虎、笑狮子”，正是世代制作龙头的口诀。有民间艺人介绍说：“龙不带哭相就显得呆逊，不威武，张嘴才叫哭。”铜梁火龙整体色彩呈现大红色，即使偶有冷色调出现，也多半集中在龙头部分。据当地文化馆介绍，国内除了铜梁龙没有其他的龙皮鳞甲类拥有“爪子甲”，几乎都是“扇面甲”“鱼鳞甲”，与铜梁龙比较，缺乏张力。

2000 年 4 月，在首届中国龙文化艺术节上，国务院副总理钱其琛同志专门为活动撰写了《深刻开掘和研究龙文化的精神内涵》的文章，指出：“龙文化首先体现中华民族团结合力的精神内涵……龙的形象，最初就是中华民族团结合力的象征……龙是中华民族团结凝聚的象征，龙文化揭示了‘团结就是力量’的真理。”

目前，在重庆铜梁地区最具影响力的铜梁龙扎龙世家，包括蒋玉霖、傅泉太、周均安等代表人物。蒋家、傅家、周家彩扎艺术传承人基本情况如表 3-8-3 ~ 表 3-8-5 所示。

传承久远的民间民族文化，作为本民族和地区的非物质文化遗产，其传承、演变及发展总是受到当地文化生态环境的影响和限制，并与人类的生活方式变化息息相关。当民间传统生活形态变迁或丧失，民间

表 3-8-3　蒋家彩扎艺术传承人基本情况

成员	出生年份	性别	主要经济来源	主要收入情况	政治面貌	学历	学艺方式
蒋玉霖	1924—2005 年	男	彩扎工艺	1984—1986 年 3 万元左右每年；1986—2001 年 1.5 万元左右每年	群众	小学	拜师学艺（曾拜李平扬、张秀廷、刘连山为师）
从业经历	1984 年由铜梁县文化局牵头在安居镇成立“铜梁民间纸扎工艺厂”，任技术副厂长； 1986 年自办“铜梁县扎龙厂”； 1984 年携作品赴法、英、瑞士等西欧国家演出						
获得荣誉	1988 年被四川省民间文艺家协会、四川省文化局授予“四川省民间工艺美术大师”称号； 1994 年被重庆市文化局授予“重庆市民间艺术家”称号						

表 3-8-4　傅家彩扎艺术传承人基本情况

成员	出生年份	性别	主要经济来源	主要收入情况	政治面貌	学历	学艺方式
傅泉太	1934 年	男	彩扎工艺	1984—1986 年 3 万元左右每年；1986—2001 年 2 万元左右每年	中共党员	中专	拜师学艺（曾拜唐银先、周北溪为师）
从业经历	1984 年由铜梁县文化局牵头在安居镇成立“铜梁民间纸扎工艺厂”，任厂长； 1986 年 1 月自办“安居纸扎工艺厂”至今						
获得荣誉	1988 年被四川省轻工业厅授予“四川省民间工艺美术优秀专业技术人员”称号； 1989 年被中国工艺美术学会组委会当选为“中国工艺美术学会会员”； 1990 年被重庆市民族民间工艺美术研究理事组委会当选为“重庆市民族民间工艺美术研究理事”； 1992 年被四川省轻工业厅授予“四川省工艺美术大师”称号； 1994 年被重庆市文化局授予“重庆市民间艺术家”称号； 1996 年被重庆与世界灯会组委会办公室聘为“重庆与世界灯会艺术顾问设计制作部主任”； 1999 年被重庆市文化局授予“重庆市巴渝十大民间艺术家”； 2000 年被重庆市民间文艺家协会当选为“重庆市民间文艺家”会员； 2007 年被国家文化部授予“中国民间文化杰出传承人”称号						
傅登株（傅泉太长女）	1967 年	女	彩扎工艺	2 万元左右每年	群众	初中	继承父业
从业经历	继续经营“安居纸扎工艺厂”						
获得荣誉	1999 年制作的小型工艺龙被铜梁县妇联指定在北京参加全国农村妇女“双学双比”十年成果展，获荣誉证书，先后被《中国文化报》《中国商报》《四川工人报》等媒体进行专题报道						
傅晓丽（傅泉太次女）	1969 年	女	现从事装修业务	2 万元左右每年	群众	初中	父女传承
从业经历	1986—1992 年在其父开办的“安居纸扎工艺厂”从事彩扎工艺； 1992 起至今从事装修业务						
获得荣誉	1987 年制作的小型工艺龙先后在（《中国日报》外语版、《人民日报》海外版、《中国文化报》《中国教育》等报刊登，1987 年并被重庆日报评为“全国十大新闻人物”之一						

续表 3-8-4

成员	出生年份	性别	主要经济来源	主要收入情况	政治面貌	学历	学艺方式
傅静（傅泉太长子）	1971 年	男	现在铜梁县“尚风名居”地产公司做保安	1.2 万元左右每年	群众	初中	未从事彩扎工艺
傅涛（傅泉太次子）	1975 年	男	在铜梁县铜仁医院任驾驶员	1.2 万元左右每年	群众	初中	未从事彩扎工艺

表 3-8-5　周家彩扎艺术传承人基本情况

成员	出生年份	性别	主要经济来源	主要收入情况	政治面貌	学历	学艺方式
周均安	1908—1993 年	男	彩扎工艺	1984—1986 年 3 万元左右每年；1986—1990 年 2 万元左右每年	群众	小学	拜师学艺
从业经历	1984 年由铜梁县文化局牵头在安居镇成立“铜梁民间纸扎工艺厂”，任技术骨干； 1986 年自办“铜梁县凉井民间纸扎工艺厂”						
获得荣誉	1990 年被铜梁县人民政府授予“农村技师”称号						
周生超（周均安长子）	1936 年	男	彩扎工艺	3 万元左右每年	群众	小学	子承父业
从业经历	继续经营“铜梁县凉井民间纸扎工艺厂”						
获得荣誉	1994 年被铜梁县文化局授予“铜梁县民间工艺美术家”称号						
周生全（周均安次子）	1939 年	男	彩扎工艺	3 万元左右每年	群众	小学	子承父业
从业经历	1995 年在铜梁县自办“铜梁县龙城龙灯工艺厂”						
获得荣誉	1994 年被铜梁县文化局授予“铜梁县民间工艺美术家”称号						
周合平（周生超长子）	1968 年	男	彩扎工艺	20 万元左右每年	群众	高中	子承父业
从业经历	2001 年在铜梁县自办“铜梁县合平龙灯制作中心”； 1998 年先后四次应邀到新加坡、阿联酋、马来西亚、泰国等国家扎龙和承做龙灯业务						

续表 3-8-5

成员	出生年份	性别	主要经济来源	主要收入情况	政治面貌	学历	学艺方式
获得荣誉	2007 年被重庆市人事局、重庆市经济委员会、重庆市文化广播电视局授予“重庆市民间工艺美术大师”称号; 2008 年与其弟周健共同扎制而成的 4 条大蠕龙在北京参加“奥运会开幕式文体表演活动”						
周健（周生超次子）	1971 年	男	彩扎工艺	12 万元左右每年	群众	高中	子承学艺（曾拜蒋玉霖为师）
从业经历	1986 年在铜梁县太平镇自办“铜梁县太平镇新艺龙灯彩扎厂”						
获得荣誉	1999 年赴京庆祝中华人民共和国成立 50 周年庆典活动，获中共铜梁县委员会、铜梁县人民政府颁发的荣誉证书; 2005 年获铜梁县委、铜梁县人民政府颁发“首届职工艺术节暨老年艺术节手工制作”二等奖; 2007 年被重庆市人事局、重庆市经济委员会、重庆市文化广播电视局授予“重庆市民间工艺美术大师”称号; 2008 年龙灯系列产品获“第一届重庆市工艺美术展”铜奖，重庆市经济委员会颁发获奖证书; 2008 年与兄周合平共同扎制而成的 4 条大蠕龙在北京参加“奥运会开幕式文体表演活动”						
周天菊（周生超长女）	1964 年	女	务农	1 万元左右每年	群众	高中	未从事彩扎工艺
周丽（周生超次女）	1966 年	女	务农	1 万元左右每年	群众	高中	未从事彩扎工艺
周欢（周健之女）	1992 年	女	无	无	群众	高中在读	未从事彩扎工艺
周朋（周健之子）	1994 年	男	无	无	群众	高中在读	未从事彩扎工艺

文化传承也会面临严峻考验。铜梁龙的彩扎传承目前形势严峻，三大彩扎世家均没有青年传承人。造成这种局面的原因：一是传承方式的传统化。这种彩扎工艺，或者说这种传统技艺的传承方式主要靠的是家族内部口耳相传。而且，一门传统技艺的习得除师徒制的方式之外，所耗费的时间与精力相当之大；二是外界环境的变化，再加上社会对传

统手艺人的定位还停留在以往的岁月，对传承人的社会地位未能清楚认识；三是对于我国非物质文化遗产，尤其是技艺类的传承，资金投入的力度还需大力加强，除此以外，还需要改变投入的方式与传承的途径。

第四节 现当代竞技龙制作

近年来，铜梁竞技龙制作工具与材料的发展变化如表 3-8-6 所示，彩绘颜料及色值统计如表 3-8-7 所示。

表 3-8-6 近年来铜梁竞技龙制作工具与材料的发展变化

项目		改革开放前	20 世纪 70 至 80 年代	20 世纪 90 年代	当代（21 世纪以来）
主要工具	绑扎	竹锯、劈刀、篾刀、皮尺	竹锯、劈刀、篾刀、卷尺、钳子	竹锯、劈刀、篾刀、卷尺、钳子	竹锯、电锯、电割机、劈刀、篾刀、卷尺、钳子
	裱褙	裁纸刀、剪刀、毛刷	裁纸刀、剪刀、毛刷	缝纫针、裁纸刀、剪刀、缝纫机、电熨斗	缝纫针、裁纸刀、剪刀、缝纫机、电熨斗、锁边机
	彩绘	瓦罐、土碗、毛笔、排刷	瓷碗、瓷盘、毛笔、排刷	瓷碗、瓷盘、马克笔、毛笔、水粉笔	瓷碗、瓷盘、喷枪、喷色模板、空气压缩机（喷色）、布幅机、毛笔、水粉笔、马克笔等
主要材料	扎骨	竹篾条（慈竹、楠竹）、斑竹	竹篾条、少量铁丝、斑竹	竹篾条、钢丝、铁丝、斑竹、柏木板、铁皮、螺钉	以竹篾条为主，辅以钢丝、尼龙编织片、软体泡沫、斑竹、柏木板、铁皮、螺钉等
		皮捻子、麻绳	皮捻子、麻绳	皮捻子、尼龙绳、棉布带	皮捻子、尼龙绳、化纤编织袋、尼龙子母扣

续表 3-8-6

项目		改革开放前	20 世纪 70 至 80 年代	20 世纪 90 年代	当代(21 世纪以来)
主要材料	裱褙	棉纸、少量彩色纸	棉纸、纱布、涤良布、彩色纸	纱布、涤良布、绢纺绸布、彩色纸、金、银箔纸	各色成品绢纺绸布、丝绸、镂空网状环保织布、金银饰片、彩色丝带、各色塑料片等
		浆糊	浆糊、白乳胶	浆糊、白乳胶	白乳胶、万能胶、502 等
	颜料	膏子、墨汁	膏子、广告色(80 年代初开始使用)	广告色、纺织染料、丙烯颜料	硝基漆、荧光漆、丙烯颜料、新型感光剂、活性仿瓷颜料
	辅料	白矾、牛胶、骨胶	胶矾、牛胶、骨胶	胶矾、牛胶、骨胶、丙烯颜料调和液	稀料(二甲苯)、天那水(俗称香蕉水)、PP 水
代表作品			1984 年 35 周年国庆大典、九条不同色彩的铜梁竞技龙(36 栋、70 米长)	1999 年 50 周年国庆大典,九条金色铜梁竞技龙(24 栋,50 米长)	2008 年北京奥运会在民族文艺大汇演活动中,四条金色铜梁竞技龙(36 栋,70 米长) 2009 年 60 周年国庆文艺晚会 2 条铜梁竞技龙(56 栋,100 米长)

注:①皮捻子:棉纸绳;②膏子:矿物颜料;③PP 水:PP 处理剂、用于龙皮底料处理,提高面漆的附着力。

被纳入国家非物质文化遗产保护名录的铜梁龙舞(见图 3-8-1)包含诸多保护内容,例如龙舞呈现形式、各种道具物质载体、精湛的龙舞制作技艺,以及丰富的精神内涵、思维方式等。其中,相关物质载体内容与形式一直伴随历史的发展不断流变,但保护本土文化品格和民间艺术、工艺传承,以及效法古人,以虔诚之心敬畏天地,永远保持人水和谐的精神内核,始终如一。

表 3-8-7　近年来铜梁竞技龙彩绘颜料及色值统计

类别	色调名	单色	孟塞尔参考值	原料色(颜色粉)	成品色料
化学颜料	红(R)	大红	5R　5.5/12.0		硝基漆 荧光漆 活性仿瓷颜料 新型感光剂 丙烯
		桃红	5R　7.0/8.0		
		粉红	5R　7.5/6.0		
	黄红(YR) 黄(Y)	金箔	5YR　6.5/11.0	金(Au) 朱砂(HgS)	
		橘黄	7.5R　5.5/14.0		
		谷黄(中黄)	5Y　7.0/6.0		
	绿(G) 蓝绿(BG)	粉绿	2.5G　8.0/6.0	石绿 $Cu_2[CO_3](OH)_2$	
		深绿	5G　3.5/8.0		
		品绿	5BG　7.0/9.0		
	蓝(B) 蓝紫(PB)	浅蓝	10B　6.0/10.0	佛青(石青) $Cu_3[CO_3]_2(OH)_2$	
		佛青	7.5PB　3.5/11.5		
	黑白(N)	煤黑(N)	N　2.0	墨(Cn)	
		白粉(N)	N　9.5	白土($CaCO_3$)	

注:色调(H)、明度(V)及纯度(C)。

图 3-8-1　铜梁龙舞表演

巴渝古梁州铜梁自古因水而兴，善舟楫、喜渔猎，具有丰富的巴渝水文化崇拜历史积淀，创造了闻名遐迩的铜梁龙舞龙灯。自 20 世纪 80 年代以来，铜梁龙多次被选中在天安门参与国家重大庆典活动、北京奥运会开幕活动、上海世博会展示活动，在国家级大赛中数十次夺魁，铜梁龙舞文化蜚声海内外。重庆水利电力职业技术学院中华龙舞课堂如图 3-8-2 所示。

图 3-8-2　重庆水利电力职业技术学院中华龙舞课堂

巫允明先生在《中国原生态舞蹈文化》一书中，将龙舞归入“自然崇拜舞蹈”。《华阳国志 · 巴志》对巴人的评价是：“若蔓子之忠烈，范目之果毅；风淳俗厚，世挺名将；斯乃汉江之含灵，山岳之精爽乎？观其俗，足以知其敦壹也。”巴人质朴敦厚，赋予了铜梁龙舞独特的神韵与意境。闫荣山在《龙文化与舞龙运动的凝聚观》一文，提出“舞龙运动从衍生到传承是龙图腾、崇拜文化观念的物化再现”。铜梁龙舞正是巴渝儿女对龙图腾与文化崇拜的再现，是龙的传人对龙的崇拜。

参 考 文 献

[1]苏愉钦．新时代中国舞龙运动的社会价值功能研究[J]．武术研究，2020，5(2)：93-96.

[2]胡小勇．民族传统体育舞龙运动的文化渊源、现状和发展趋势研究[J]．体育风尚，2018(3)：86.

[3]童钟,唐安冰. 铜梁龙舞耀中华[J]. 重庆与世界,2017(6):78-81.
[4]王志华. 铜梁龙非物质文化遗产旅游开发研究[J]. 市场周刊(理论研究),2016(9):32-34.
[5]庞洁. 论重庆铜梁龙舞的文化传承与审美特征[D]. 重庆:重庆大学,2015.
[6]吕岱,王成伟. 心灵的象征——铜梁龙舞与巴渝文化艺术精神传承[J]. 重庆行政(公共论坛),2014,15(3):101-103.
[7]邹孟言. 重庆铜梁龙舞的历史演进与现代传承研究[D]. 昆明:云南师范大学,2013.
[8]胡彧倩. 重庆铜梁龙舞的文化内涵分析[J]. 武魂,2013(9):6.
[9]戚序,王世基,贾国涛. 国家体育舞龙比赛标准道具“铜梁竞技龙”彩扎工艺研究[J]. 装饰,2012(4):110-113.
[10]赵甫华,蒋光华. 龙年话“龙”[J]. 重庆与世界,2012(1):62-63.
[11]易黎. 论中华铜梁龙文化遗产保护与传承[J]. 四川体育科学,2011(3):29-31,35.
[12]宗和云. 试论“铜梁龙舞”的特色与价值[J]. 重庆行政(公共论坛),2011,13(4):93-95.
[13]梁丽斐. 重庆铜梁龙文化分析[D]. 桂林:广西师范学院,2011.
[14]戚序,王海明. 对非物质文化遗产传承人生存环境的思考——以重庆铜梁扎龙世家为例[J]. 西南大学学报(社会科学版),2011,37(3):111-116.
[15]胡敏. 铜梁舞龙运动的起源与发展[J]. 佳木斯教育学院学报,2010(3):35-36.
[16]戚序,王世基. “滚舞的彩塑”——析铜梁火龙造型特征[J]. 装饰,2010(3):102-105.
[17]唐建忠,李旻. 铜梁龙文化遗产传承研究[J]. 成都体育学院学报,2009,35(7):23-25.
[18]张爱钰. 巴渝“中华第一龙”的嬗变与腾飞[J]. 军事体育进修学院学报,2008(2):35-38.
[19]闫荣山. 龙文化与舞龙运动的凝聚观[J]. 体育与科学,2008(1):60-62,40.
[20]宋桦. 舞龙运动对大学生人文素质教育的影响[J]. 长春师范学院学报,2006(10):118-119.
[21]雷军蓉. 中国舞龙运动的社会特性和价值功能[J]. 北京体育大学学报,2004(10):1330-1332.
[22]刘毓庆. 图腾神话与中国传统人生[M]. 北京:人民出版社,2002:11.

[23]周作人．木片集[M]．石家庄:河北教育出版社,2002:84.
[24]铜梁龙灯艺术节委员会编．中国龙文化与龙舞艺术研讨会论文集[C]．重庆:重庆出版社,2000:382.
[25]铜梁县志编写办公室．铜梁县志(1911—1985)[M]．成都:四川人民出版社,1985.
[26]潘鲁生．匠心独运[M]．重庆:重庆大学出版社,2009:133.
[27]王文章．非物质文化遗产概论[M]．北京:文化艺术出版社,2006.
[28]巫允明．中国原生态舞蹈文化[M]．上海:上海音乐出版社,2009.
[29]民间艺人傅泉太口述,王世基等收集整理报告[R].2009.
[30]铜梁县原文化馆馆长王星富口述,王世基等收集整理报告[R].2008.

第九章 船棺葬

巴蜀儿女从生到死都在这一片热土上,此岸到彼岸世界的和谐统一展现得如此淋漓尽致,生于斯,长于斯,葬于斯。船棺葬作为一种独有的丧葬形式,在巴蜀先民的深层意识形态中是人与水生死相依的关系。

船棺葬在我国分为两类:一是露天葬。主要是东南部古越人所使用,即今福建及江西武夷山区,如福建崇安武夷山,流行于商周至西汉时期,采用的形式为悬挂于岩洞或是直接架于树上。二是土葬。主要是古代巴人使用,大致时间为公元前 4 世纪末至公元前 1 世纪末,如重庆巴县(今九龙坡区)铜罐驿镇冬笋坝和四川省昭化县宝轮院(出土文物如图 3-9-1 所示)等地,出土的具有一定规模的相关墓葬群。除此之外,船棺葬在东南亚和太平洋一些岛屿也有,如越南海防的船棺葬,婆罗洲有船形棺,所罗门群岛的重要人物也用船棺葬,汤加和萨摩阿群岛酋长也使用了船棺葬。古今中外,都有使用船棺葬这一特殊墓葬形式安葬逝者的习俗。

图 3-9-1　四川昭化宝轮院巴蜀船棺葬出土(战国)巴蜀金银错犀牛铜带钩

(资料来源:重庆中国三峡博物馆)

第一节　巴人船棺揭秘

在中国古代，由于长江流域世代水资源丰沛，水陆交通发达，素有“北人骑马，南人乘船”之说。在传统习俗中，入葬船棺有一叶小舟抵达彼岸的寓意，这与西安临潼兵马俑墓葬中的“车马坑”文化异曲同工。“船棺葬”对于因水而生、因水而兴的巴人部族，是具有民族特质的独特丧葬文化现象。

一、宝轮院和冬笋坝

1952—1954年在四川昭化县宝轮院和重庆巴县冬笋坝同时发现了一种特殊的墓葬——船棺葬。宝轮院的墓葬群是在宝成铁路修建工程中发现的，冬笋坝墓葬群则是在砖瓦厂取土造砖时发现，两地虽相去千余里，但墓葬的性质则系同一类型，两者相较而言，冬笋坝时间较为久远，范围也较大。巴县冬笋坝和昭化县宝轮院的船棺葬基本上是一个类型的墓葬，时代也大体相同，所以将它们合并整理，借以说明这一特殊墓葬的性质。狭长坑墓在两处也大都是同一类型的，仅在时代上一般较船棺墓略晚，有的可能与船棺同时。出土船棺形如一独木舟，是用楠木制成，将楠木上面削去一小半，底部削平成为船底，两端向上斜削上翘，如船之两头。船两头各凿两孔，以便吊棺下葬。船身正中挖空为船舱，放置尸体及随葬品。于是命名此种葬具为“船棺”。

冬笋坝在重庆市以西60千米，铜罐驿街镇西北2千米，位于长江的北岸，长江流经此地时转向东北，故冬笋坝两面涉江，形势上略为突出。对岸为猫儿沱与江口场，江口场系綦江与长江合流处。墓葬均在靠江岸100米以内的区域内，四次挖掘共清理了墓葬81座，其中包括空坑3个，另外还有残墓13座。大部分墓葬主要集中在中区土台。冬笋坝中区土台墓葬分布如图3-9-2所示，冬笋坝南区土台墓葬分布群如图3-9-3所示。

宝轮院为原四川省昭化县人民委员会所在地（昭化现已与广元合县），西距剑门关约30余千米，东北距广元县城约25千米，东南距昭化

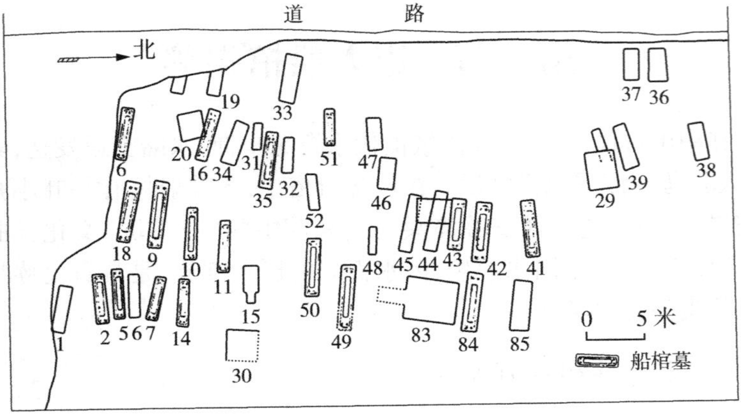

图 3-9-2　冬笋坝中区土台墓葬分布图

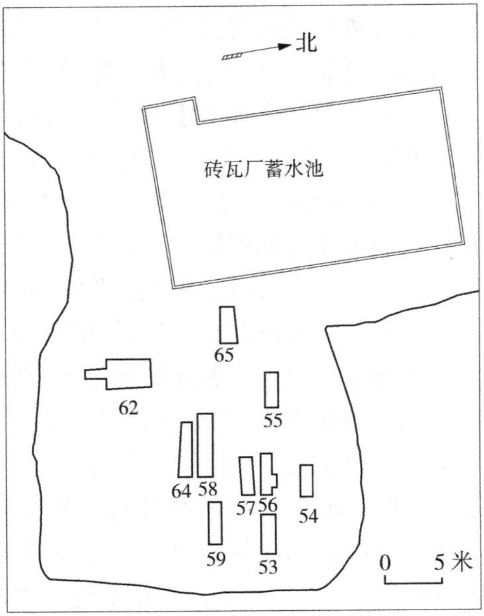

图 3-9-3　冬笋坝南区土台墓葬分布群

县旧城约 10 千米,川陕公路及宝成铁路均从此经过,为交通要道。宝轮院之名不知起于何时,但据《四川通志》及《昭化县志》记载,其地原系旧昭化县的一个乡镇，宝轮院系由一寺院而得名，但寺院今已不复存在。现街镇面临清江，后背高山。清江自白田坝以下河谷开朗，经宝轮院流至安昌坝与白水河汇合，白水河流至土基坝注入嘉陵江。宝轮院以下，地势广阔平坦，为区域内较宽广的河谷地带。坪上共清理了墓葬15座，其中9座为船棺墓，4座为木棺墓，其余2座由于残破不全、葬具不明，亦有可能是船棺墓。宝轮院坪上地形及墓葬分布如图3-9-4所示，船棺平面结构如图3-9-5所示。

四川除巴县冬笋坝和昭化宝轮院以外，近年在成都附近的广汉、绵竹、双流、芦山县等地都曾发现船棺葬。

二、马家公社

1980年新都马家公社发现一座战国木椁墓，全为楠木，中部椁室长4.67米、宽2.88米；室内放置一独木棺，棺是用直径约1.41米的原木挖凿而成，全长4.14米、高0.98米；棺底略成弧形，棺上有凸凹槽残痕，原有棺盖，椁室中部有一腰坑，出土大小铜器188件及其他珍贵随葬品。有研究指出：这种独木棺，也许是巴蜀地区战国晚期船棺的雏形；从木椁墓的规模之大和随葬品特别丰富来看，此墓主人可能是蜀国的王室成员。

三、太平公社

1980年12月四川彭县太平公社发现船棺1具（见图3-9-6），全长7.4米、宽1.1~1.25米、高0.55~0.60米。木棺中段刳成圆角方形船仓，仓底圆弧，仓长5.8米，随葬品有巴蜀式铜钺、铜戈、曲头铜斤、铜镞等。这种船棺两端截齐，没有翘首，与巴县冬笋坝、昭化宝轮院、绵竹清道、郫县等处出土的翘首船棺不同，应是另一类型的船棺，可称之为“独木舟式船棺”或“独木棺”。

四、五龙公社

1982年和1983年四川大邑县五龙公社发现一墓，3具独木船棺共用一个长方形墓坑。随葬品是典型的巴蜀式器物。

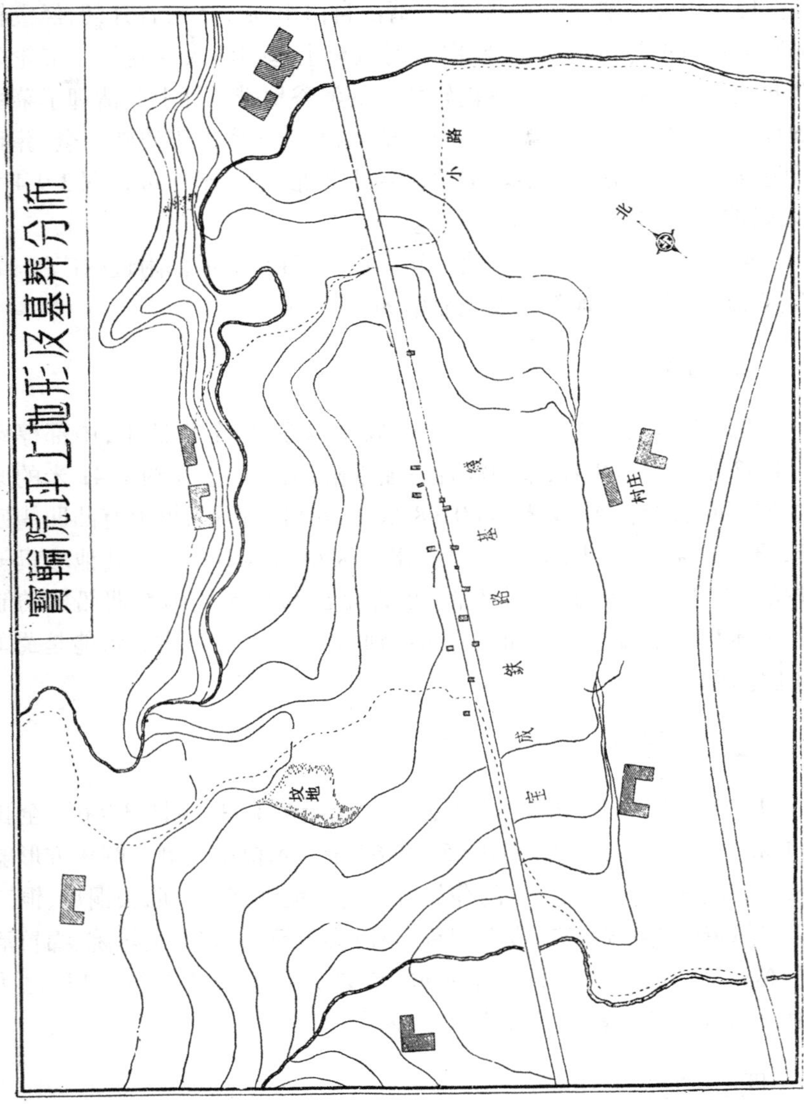

图 3-9-4　宝轮院坪上地形及墓葬分布

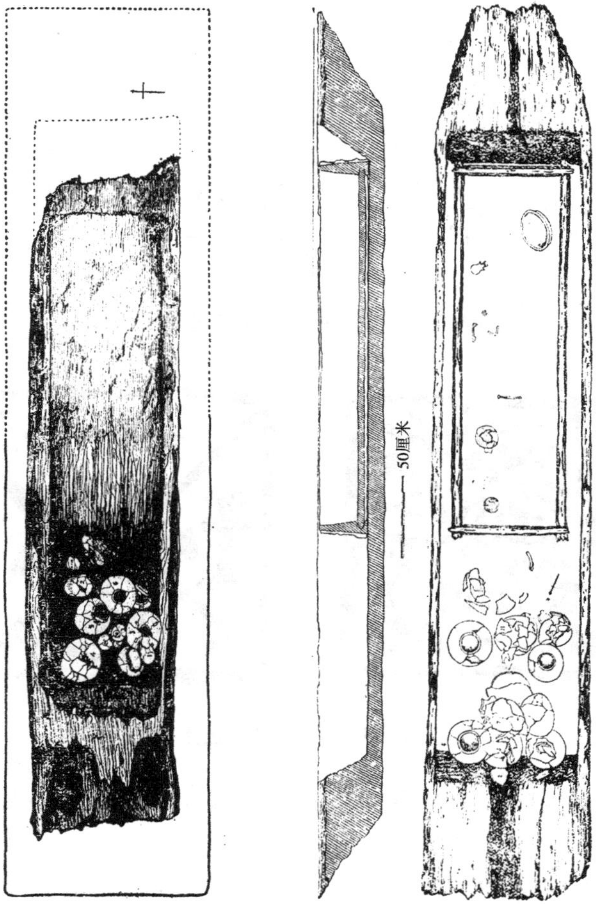

图 3-9-5　船棺平面结构(长 600 厘米,宽 140 厘米,深 155 厘米)

五、什邡丝绸厂

1992 年 1 月,在四川省什邡县丝绸厂工地发掘的 21 号船棺葬,出土了一批珍贵文物,其中有 1 件铜制方形印(见图 3-9-7),印长、宽各 3. 5 厘米,厚 0. 2 厘米。背中间有小圆穿孔鼻纽,四周有 4 字,印面有图形符号。目前,学者对于这枚方形印均认为正面为“十方雄王”,背

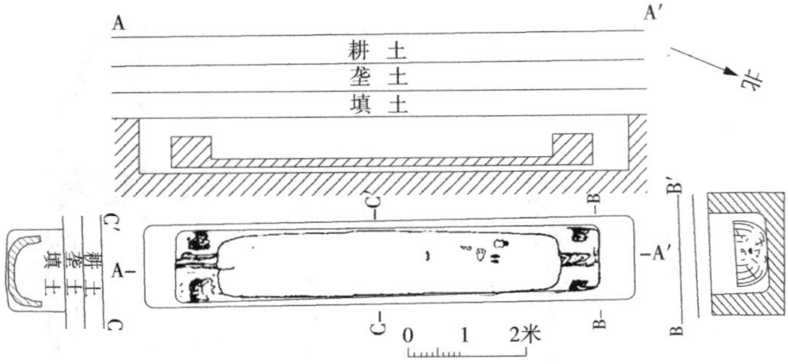

图 3-9-6 彭县船棺葬平面图、剖面图

图 3-9-7 四川什邡 M21 出土方形印

面纹饰的理解存在差异。什邡墓地发掘墓葬 64 座,仅 60 号墓打破 59 号墓,其他均无打破关系,且排列整齐、分布密集而有序。什邡城关墓地共发掘船棺墓 36 座,保存较好的有 21 座墓 22 具船棺(M58 为一坑双棺)。四川什邡船棺平面、剖面如图 3-9-8 所示。

六、成都商业街

进入 21 世纪初,2000 年夏天,在成都一环内的商业街 58 号四川省委办公厅机关食堂的建筑工地下面,意外发掘出具有水文化意义的大型船棺葬群,成为研究佐证古代巴蜀历史的珍贵文物。成都商业街大型船棺合葬墓(见图 3-9-9),规模宏大、墓葬形制独特、随葬器物丰盛,对研究长江中上游干支流流域文化的发生、发展意义重大。考古研

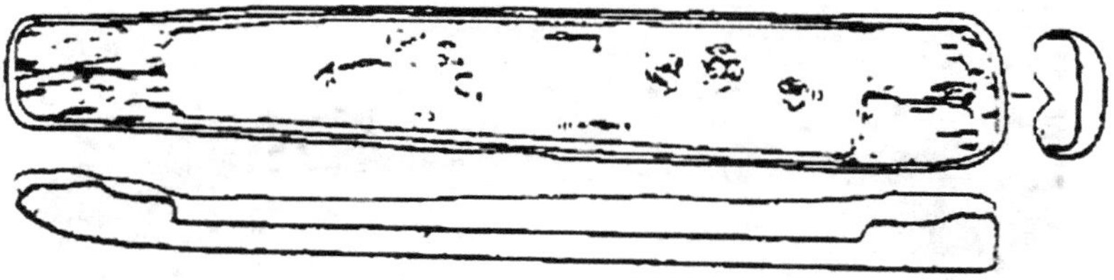

图 3-9-8　四川什邡船棺平面、剖面图

究表明：出土墓葬属战国早期、古蜀国开明王朝中晚期，并推断这个大型且多棺合葬的船棺、独木棺墓葬为王族或蜀王本人的家庭墓葬。巨大的长方形墓葬群，以东北西南向落葬，宽约 20.3 米，长约 30.0 米，约占面积 600 平方米以上，现存 17 具船棺、独木棺，其中船棺使用整木雕凿，形似船形（见图 3-9-10）。

图 3-9-9　成都商业街船型墓葬发掘现场

七、成都抚琴、青羊小区

近年来，在成都抚琴、青羊小区都连续发现战国时期的独木船棺葬。棺木最长的为 7.4 米、最短的为 4.6 米，一般长度均在 6 米左右，宽度为 0.65 ~ 0.95 米，高度为 0.34 ~ 0.60 米不等，随葬物品有陶器，器形多尖底器和圆底器，铜器有钺、戈、矛、剑、胄、镞等，以矛的数量最多。

图 3-9-10　成都商业街船型墓葬发掘的船型棺木

八、四川蒲江

新华社 2006 年 12 月 5 日报道,在四川省蒲江县鹤山镇飞龙村的某小区建筑工地发现一座距今两千多年的战国船棺墓。四川蒲江船棺葬现场挖掘及船棺分布如图 3-9-11、图 3-9-12 所示。在地下 1.5 米深处,发现一座用巨大楠木制作的直径约 1.6 米、长约 7 米的船棺。船棺以整木一剖为二、凿空制成,发现有死者遗体和相关随葬品。其中出土的圆形印章犹如今天常用的聊天表情包,憨态可掬(见图 3-9-13)。

第二节　葬礼亲水习俗

在屈原所著《惜往日》中载曰:“临沅湘之玄渊兮,遂自忍而沈流。卒没身而绝名兮,惜壅君之不昭……焉舒情而抽信兮,恬死亡而不聊。独障壅而蔽隐兮,使贞臣为无由……宁溘死而流亡兮,恐祸殃之有再。不毕辞而赴渊兮,惜壅君之不识。”大部分学者认为这是屈原的临终之

图 3-9-11　四川蒲江船棺葬现场挖掘

图 3-9-12　四川蒲江船棺葬船棺分布图

图 3-9-13　四川蒲江船棺葬出土印章

作。而《史记·屈原贾生列传》记载:“(屈原)乃作《怀沙》之赋……于是怀石自沉汨罗以死。”有专家认为所谓“怀沙”即船棺水葬,是屈原临终前选择的墓葬方式。船棺在水上漂流时,有送葬人划船送行,并向船棺里投放随葬品、死者生前物品、食物及沙石等,直至船棺完全沉没水底,葬礼礼毕。相关端午龙舟竞渡和投放粽子的习俗,也许正是模拟这一船棺水葬的纪念活动。

除四川巴蜀地区流行船棺葬以外,我国福建武夷山也有船棺葬的丧葬传统。据传说,商代有彭主,善养生术,生有二子,一为“武”、一为“夷”,合称武夷,后所居之地因此得名“武夷山”。西汉武帝刘彻,尊“武夷山”为“武夷君”“好祀天下岳清,此山与祭”,故又名“汉祀山”。史书中关于武夷山船棺葬的记载颇多,如《武夷山志》《崇安县志》《福建通志》《舆地记胜》《名胜记》《郡国志》《太平寰宇记》等,分别称船棺为“仙之宅”“仙船”“仙蜕”“仙人葬骨”“虹桥”等。现存船棺仅有 10 处,均在悬崖峭壁之上。船棺的形制由两段圆木分盖和底分别制成,形状如小舟,前宽后窄,前高后低,船头如鱼嘴两头翘起,葬在远离水的悬崖峭壁之上。有专家认为,这是因为人类社会的宗教观念产生以后,古代先民根据鬼魂到另一个世界去生活的幻想,将人的现实生活附加给鬼魂世界……使死者的鬼魂与原先的社会群体尚继续保持着紧密联系。这种说法略有偏颇，作为亲水的族群，更应该将死后的归宿选在水边。其实这可能更多的是因为古人对于水的特殊情感，既离不开它，同时又敬畏它，是无法征服后的伤痛。因此，将船棺葬在悬崖峭壁之上，一是可以看到水，二是可以免除水害。武夷山船棺葬分布及船棺分解如图 3-9-14、图 3-9-15 所示。

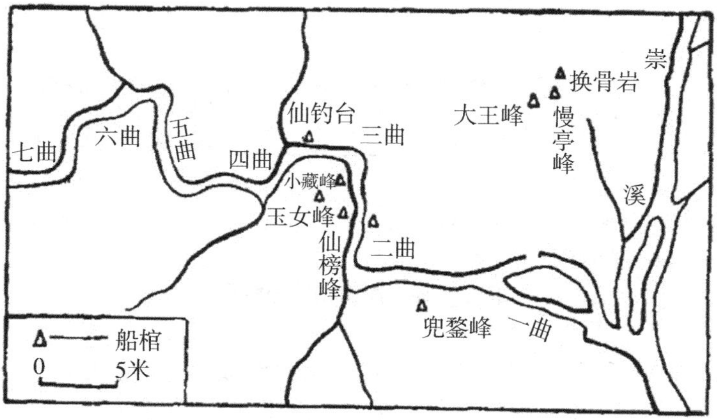

图 3-9-14　武夷山船棺葬分布图

宋周辉《清波杂志》卷七引《南海录》云："南人送死者无棺椁之具……凿大木若小舟以为臼，土人名舂塘，死者多殓于舂塘中以葬。"文中记述宋代海南岛土著居民死后不用棺椁而用独木舟式棺的习俗，直到 20 世纪 50 年代，海南岛黎族仍用整木挖掘成独木舟式棺和半独木舟式棺。

说到船棺葬不得不提到两广地区的船棺葬。1976 年在广西贵县罗泊湾挖掘和清理的西汉木椁墓椁室底板下发现 7 个殉葬坑。每坑有棺 1 具，其中 3 具方棺、4 具圆木棺，死者为墓主人生前近幸的乐舞伎和近身的侍从。广州东山梅花村村西汉木椁墓中也曾出土过与海南岛黎族所用的半独木棺相同的棺具，而且这种墓具在广州地区从西汉一直流行到南朝时期。

船棺葬最早出现于新石器时代晚期，在杭州水田畈良渚文化遗址

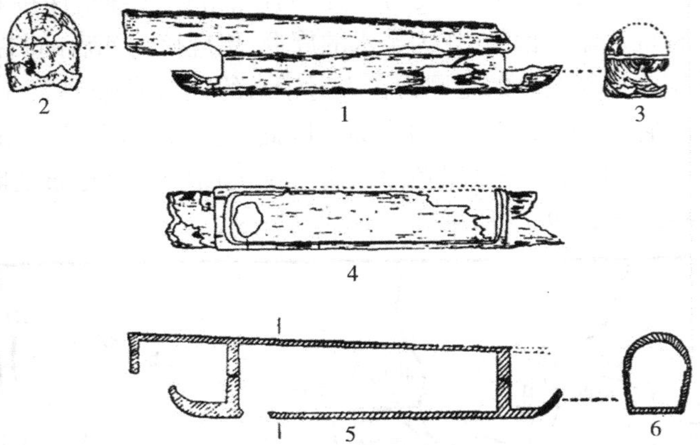

1—船棺右侧;2—船棺前视;3—船棺后视;4—棺舱平面图;5—船棺纵剖面图;6—船棺横剖面图

图 3-9-15 船棺构造分解图

发现的船棺断面呈弧形,为整段大木挖琢而成,该遗址还出土数件木浆;在青海乐都柳湾遗址发现的齐家文化墓葬,葬具多为圆木挖成的独木舟式的形制;在辽宁昭乌达盟石棚山小河沿文化墓地,多数墓底发现有桦树皮。这些新石器时代的船棺都是土葬的。到了商周时代及其以后,船棺葬习俗逐渐流行,在个别地区(如四川巴县冬笋坝、昭化县宝轮院和浙江绍兴凤凰山等地)仍行土葬,而在多数地区则行崖葬,这种葬俗普遍存在于长江流域及其以南的广大地区,如四川、重庆、广西、福建、江西等地,青海、浙江、台湾等省(区)的一些地区也曾行此葬俗。

第三节　人水生死相依

水是人类生存的必备资源,巴人对水有着深厚而复杂的感情。这一点可从巴人的墓地选址、部落聚居选址等考古发掘证明,如四川的达州罗家坝遗址,重庆的巫山大溪遗址、巫山双堰塘遗址、开县余家塬遗址,湖北的宜昌中堡岛遗址、宜昌王爷庙遗址、秭归朝天嘴遗址、秭归柳林溪遗址等，大都居于长江及其干、支流两岸。巴人墓地选择与之几乎相同，如非常具有代表性的重庆开县余家坝遗址、三峡库区云阳李家坝遗址等巴人墓葬，以及涪陵的小田溪巴王陵，都位于江边台地上。从这一现象我们去研究其形成的原因。

一是族群属性。四川巴县冬笋坝和昭化宝轮院船棺葬为古代巴人的文化遗存。古代的巴有时作为国名，有时又是民族的名称。我国南方少数民族从语言属性上来讲，大致可以分为三大族系，包括苗瑶、藏缅、壮侗（又称壮傣）语族，其中古代百越因属壮侗族系，相关研究表明，他与古代巴人具有相当的渊源关系。据童恩正先生研究，在古代巴地巴国境内，蜑、濮等少数民族都与绵延至今的壮傣族系相关。有学者根据语言学资料说明古代巴人应属壮傣语族的民族。从文物考古资料来看，古代越人同巴人一样具有居干栏式建筑、善舟楫、使用船棺葬、断发纹身等文化特质。因此，关于成都地区发掘的船棺葬族群渊源，有学者认为，从船棺葬出土的地点来看，都是在秦灭巴蜀之前蜀的势力范围内，因此这些地区的船棺葬和蜀人的关系较大。一些学者根据近年来四川地区新出土的考古资料认为，过去相当长一段时间将川东和川西地区简单划分为巴与蜀是不妥当的，应统称“巴蜀文化”。成都川西平原的巴蜀包括巴人和蜀人及多个少数民族共同创造的复合性很强的文化，《华阳国志·蜀志》所记载蜀王世系中的开明氏、鱼凫应该和巴有关。许多历史文献如汉代扬雄所著《蜀王本纪》有载：“荆有一人名鳖灵，其尸亡去，荆人求之不得。（鳖灵）尸随江水上至郫，遂活，与望帝相见。望帝以鳖灵为相……自以德薄，不如鳖灵，乃委国授之而去，如尧之禅舜。鳖灵即位，号曰开明帝。”详细记载了荆人鳖灵死后，尸体漂流至川西，因治水受禅蜀王。从民族学的角度看，开明氏属荆楚部落，沿长江向西进入四川，取代杜宇族统治。因此，鳖灵实际上是巴和鱼凫相关的地名，从湖北到成都平原，都沿长江干流和支流岷江分布，以及巴人由鄂入川至成都平原的迁徙路线，此水上交通之后一直为成都至湖北的主要航运通道。

《淮南子·原道训》：“九嶷之南，陆事寡而水事众，于是民人被发文身，以象鳞虫；短绻不袴，以便涉游；短袂攘卷，以便刺。”《淮南子·

齐俗训》又曰："胡人便于马，越人便于舟。"《汉书·严助传》称：越人"习于水斗，便于用舟"。经一些学者研究认为，属于战国至西汉初年的巴人墓葬，不仅使用船形棺椁，且随葬品中还发现了大量渔猎生活相关的鱼骨遗存，以及镌刻鱼和船图形的铜器。

二是原始崇拜。目前国内外最流行的看法是，船是普渡灵魂的圣器，将棺木制成船形的"超渡船"，是为将逝者灵魂送往天堂。还有一种意见认为，船棺葬反映的宗教观念是灵魂升天观念，并认为船棺葬跟原始宗教和道教有直接关系。道士所崇拜的是神仙世界，追求的是飞升成仙，这种思想反映整个船棺的意义。陈明芳认为，我国船棺葬反映的观念并不属于追求"来世的天堂"和"飞天成仙"的神学宗教，而是属于原始宗教的范畴。当原始人产生灵魂不灭思考的时候，死亡不是终结，灵魂与生者同在，并具有护佑的神秘力量。相关考古发掘表明，目前发现最早运用船棺葬的是我国南方的越族。确切较早的，首推商周时代福建武夷山的崖葬船棺。巴蜀之地流行船棺葬，与巴人渔猎生活及水文化崇拜直接相关。

参考文献

[1]向明文. 巴蜀古史的考古学观察[D]. 长春：吉林大学，2017.

[2]张明杰. 互动中的巴文化：巴文化的开放性体系研究[D]. 重庆：西南大学，2013.

[3]萧汶.《成都商业街船棺葬》简介[J]. 考古，2009(9)：89.

[4]黄尚明. 关于川渝地区船棺葬的族属问题[J]. 四川文物，2005(3)：49-51.

[5]刘容. 三峡文明中民族融合趋势简析[J]. 涪陵师范学院学报，2004(2)：52-54.

[6]王红旗. 屈原端午未投江　龙舟粽子船棺葬[J]. 文史杂志，2004(2)：38-42.

[7]蒋成，颜劲松，刘雨茂，等. 成都市商业街船棺、独木棺墓葬发掘报告[J]. 成都考古发现，2000：78-136，362-365，376-389.

[8]罗二虎. 重庆云阳李家坝东周墓地 1997 年发掘报告[J]. 考古学报，2002(1)：59-94，125-130.

[9]陈明芳. 中国悬棺葬研究概况及其展望[J]. 史前研究，2000：288-316.

[10]宋治民．什邡荥经船棺葬墓地有关问题探讨[J]．四川文物,1999(1):3-12.
[11]谢应光．三峡悬棺葬的文化内涵[J]．四川文物,1997(2):7-10.
[12]钱玉趾．什邡船棺葬出土方形王印考[J]．文物,1996(10):81-83,42.
[13]罗开玉．古代西南民族崖葬研究[J]．考古,1991(5):448-458,435.
[14]陈明芳．论船棺葬[J]．东南文化,1991(1):23-31.
[15]张勋燎．古代巴人的起源及其与蜀人、僚人的关系[J]．南方民族考古,1987,1:45-71.
[16]车广锦．论船棺的起源和船棺葬所反映的宗教意识[J]．东南文化,1985:49-61,33.
[17]陈显双．蒲江县战国土坑墓[J]．文物,1985(5):17-22.
[18]赵殿增,胡亮．四川大邑五龙战国巴蜀墓葬[J]．文物,1985(5):29-40.
[19]赵殿增,胡昌钰．四川彭县发现船棺葬[J]．文物,1985(5):92-93.
[20]四川省博物馆,新都县文物管理所．四川新都战国木椁墓[J]．文物,1981(6):1-16,97-103.
[21]董其祥．古代的巴与越(续)[J]．重庆师范学院学报(哲学社会科学版),1981(1):69-74.
[22]易水．文物编辑委员会编:《文物考古工作三十年(1949—1979)》[J]．考古,1981(1):93-94.
[23]曾凡,杨启成,傅尚节．关于武夷山船棺葬的调查和初步研究[J]．文物,1980(6):21-31.
[24]蒋廷瑜,邱钟崙,梁肇池,等．广西贵县罗泊湾一号墓发掘简报[J]．文物,1978(9):25-34,54,35-42,81-84.
[25]志远．海南岛黎族人民的葬俗[J]．考古,1958(7):57-58.
[26]梁钊韬．海南岛黎族社会史初步研究[J]．中山大学学报(社会科学),1955(1):93-115,140-141.
[27]四川省博物馆．四川船棺葬发掘报告[M]．北京:文物出版社,1960:12-25.
[28]童恩正．古代的巴蜀[M]．成都:四川人民出版社,1979.
[29]罗开玉．中国丧葬与文化[M]．海口:海南人民出版社,1988:27.